一座新城的成长

上海松江

黄婧 著

同济大学出版社

图书在版编目（CIP）数据

一座新城的成长：上海松江 / 黄婧著. —— 上海：同济大学出版社，2020.8
 ISBN 978-7-5608-8452-3

Ⅰ. ①一… Ⅱ. ①黄… Ⅲ. ①城市发展－研究－上海 Ⅳ. ① F299.275.1

中国版本图书馆 CIP 数据核字 (2020) 第 132139 号

一座新城的成长：上海松江
黄　婧　著

策　　　划	江　岱
责任编辑	李小敏
责任校对	徐春莲
装帧设计	潘向蓁
封面插图	赖剑青　汪子隽
版　　次	2020 年 8 月第 1 版
印　　次	2020 年 11 月第 2 次印刷
印　　刷	上海安枫印务有限公司
开　　本	889 mm×1194 mm　1/32
印　　张	7
字　　数	188 000
书　　号	ISBN 978-7-5608-8452-3
定　　价	58.00
出版发行	同济大学出版社
地　　址	上海市四平路 1239 号
电　　话	021-65985622
邮政编码	200092
网　　址	www.tongjipress.com.cn
经　　销	全国各地新华书店

本书若有印装质量问题，请向本社发行部调换
版权所有　侵权必究

序　言

当我拿到黄婧女士送来的《一座新城的成长：上海松江》的书稿，翻阅之后，被深深打动。作为一名从业五十年的建筑设计和城市规划管理工作者，我长期关注和参与松江的城市规划工作，和松江有着深厚的情感。黄婧女士作为1997年后松江新城城市规划与管理的参与者与亲历者，讲述了松江新城的成长故事。本书回顾总结了新城发展的历史阶段，深入研究了新城成长与变迁的各类要素，记录了新城城市规划的历程与演变，记述了城市发展背后的点点滴滴，展望了未来走向2035年的松江理想蓝图。这不仅是新城发展经验的积累，更是新时代中国特色城市规划的真实写照。这本书可以作为一本了解松江城市发展、历史人文和上海城市规划建设的重要图书。

松江旧城曾为历史文化重镇，有"上海之根"之美誉。旧城内有两个历史文化风貌区，遗存了很多优秀历史建筑和文物保护单位，值得当代人来传承与保护。在上海开埠前，松江府是江南地区的重要府城之一，至今已有1000多年的历史。在明清时期高度繁荣，文化兴盛，人口聚集。自唐天宝十年（751）设置华亭县治始，到元代升为府治，松江一直是本地区政治、经济、文化的中心。随着上海县的崛起，松江由府城逐步演化发展为松江县城，后为上海地区重要卫星城，2000年前后又成为上海市"一城九镇"中唯一重点发展的新城。2010年10月沪杭高铁建成，松江在沪杭发展轴上的战略地位提升，规划发展为长三角地区重要的节点城市。2020年6月，沪苏湖铁路上海段开工建设，标志着松江又一次站在新的历史时期，将成为汇集沪杭、沪苏湖两条高铁的重要枢纽，松江枢纽也是疏解到上海虹桥、上海南站、浦东东站等多个枢纽的重要节点，松江新城将规划建设成为上海西南重要的门户与枢纽。

松江广富林遗址是上海地区历史文化的发祥地；上海地区最古老的地面建筑是松江唐经幢；最古老的清真寺是位于松江的元代清真寺；第一座建成的黄浦江大桥在松江；市郊第一条高速公路在松江；第一条郊区地铁在松江；最先建成的新城是松江新城；全国33个土地制度改革试点地区，上海唯一的试点地区在松江；G60科创走廊建设首度提出也在松江……可以说，松江城市发展代表了上海郊区新城的发展实力与水平；在上海推进国际化大都市建设过程中，松江新城以其独特的地理区位和战略地位，成为沪郊闪亮之星。松江新城的成长伴随了我国社会、经济与城市建设快速成长的重要时期，是上海郊区新城发展的缩影。从城市文化建设、工业区开发建设到乡村振兴建设，松江新城兼具有一定的代表意义。

随着上海建设文化大都市进程的推进，越来越多的公众开始关注城市历史文化的挖掘。城市发展的演变，未来城市的发展方向等，已从规划工作人员的关注议题变为社会公众重点关注的对象。

本书作者以专业的眼光带领我们走进松江新城成长的时光隧道，解读城市成长的历程和未来发展蓝图，让每位读者一边在诗情画意中体会松江古街巷、古建筑的神韵，一边憧憬美好的未来。在建设"科创、人文、生态"的现代化新松江的当下，对于了解松江城市发展的文脉与松江新城发展的历程都具有特别的意义。

来松江吧，一座宜居、宜业、宜游的新城将展现在您的眼前！

原上海市城市规划管理局副总工程师
教授级高级工程师
叶梅唐

目 录

序 言

走向松江新城

新城发展的背景要素　/002
城市的演进与规划　/018
　　第一阶段　松江府城
城市的演进与规划　/020
　　第二阶段　松江县城
城市的演进与规划　/030
　　第三阶段　松江新城
崛起的新城故事　/048

走向2035的现代化新松江

上海市总体规划中的松江城　/100
松江区总体规划的编制回顾　/106
松江区总体规划暨土地利用总体规划(2017—2035)　/116
未来松江城市发展的目标愿景　/124

走进府城风貌区

探索松江府城　/132
方塔园：松江府城的露天博物馆　/140
映雪读书树人院　/148
松江博物馆　/154

走进仓城风貌区

话说仓城风貌区　/162
寻梦仓城古桥　/170
深深庭院的雕花小楼　/178
千百沧桑话颐园　/184
春元染坊探古　/192
葆素堂前的望族风景　/198
仓城遗梦道古宅　/204

后 记

走向松江新城

新城发展的背景要素

　　松江城是上海连接我国南方地区的重要门户，既是上海对外辐射的窗口，又是长三角各省市进驻上海的桥头堡。

　　一座城市的发展与当时的社会、经济发展紧密相关，区位条件、交通要素、经济与社会发展背景也是影响城市发展的重要因素。

佘山（摄影：孙新峰）

城市发展沿革

松江历史悠久。据考古资料显示,约 6000 年前在松江九峰一带已有先民生息。

秦时,本区地属会稽郡长水县(秦末改为拳县)东境、海盐县北境、娄县（现昆山市）南境。

唐天宝十年（751），吴郡太守赵居贞奏请划本部郡昆山南境、嘉兴东境、海盐北境之地，建立华亭县。

元至元十四年（1277）升为华亭府，辖华亭 1 县，次年，改为松江府。

至清嘉庆十年（1805），松江府辖 7 县（华亭、上海、青浦、娄县、奉贤、金山、南汇）1 厅（川沙）。

1912 年废府，华亭、娄县合并为华亭县。

1914 年改为松江县。民国期间，江苏省设行政督察专员公署于松江。1949 年 5 月 13 日，苏南行署曾设松江专区。

1958 年 3 月，松江专区撤消，松江县并入苏州专区，11 月划入上海市，并规划为上海的郊区卫星城。

1998 年 2 月，松江撤县建区，成为上海大都市的有机组成部分。

1999 年，松江新城在上海市郊区城市化发展"一城九镇"城镇建设战略中成为重点发展的"新城"。

2010 年，松江新城总体规划中提出，松江新城是长三角地区重要的节点城市之一，是上海市西南部重要的门户枢纽。

2017 年，上海 2035 城市总体规划中提出：松江新城是沪杭廊道上的节点城市，是以科教和创新为动力，以服务经济、战略性新兴产业和文化创意产业为支撑的现代化宜居城市，是具有上海历史文化底蕴、自然山水特色的休闲旅游度假胜地和区域高等教育基地。

人口与城市规模

松江人口与城市规模对比

年份	范围	户数	现状人口（万人）	现状用地面积（平方公里）
1949	松江城	8 542	4.2	4
1980	松江城	18 363	6.4	6
2001	松江新城	52 665	15.0	23
2006	松江新城	65 397	19.5	45
2010	松江新城	—	54.4	90
2016	松江新城	—	76.5	114

重要交通要素

一座城市的发展与当时的社会、经济发展紧密相关，区位条件与交通要素也是影响城市发展的重要因素。

松江城是上海连接我国南方地区的重要门户，既是上海对外辐射的窗口，又是长三角各省市进驻上海的桥头堡。随着时代的发展，各时期的交通方式发生改变，推进了这座城的发展与变迁。

2018年，松江提出建设"四网融合"的城市，集国家高铁网、上海轨道交通网、松江有轨电车网和地面交通网的综合交通体系，以实现公共交通之间的高效转换。

目前，松江境内已形成沪昆铁路、高速铁路、高速公路、地铁、有轨电车、一般道路、航道系统等多交通网络布局的现状。境内形成五条高速公路网，包括绕城高速公路（G1503），申嘉湖高速公路（S32），沈海高速公路（G15），沪昆高速公路（G60）和沪渝高速公路（G50）等，构成"六纵八横"的骨干道路网络，骨干道路网络总里程约为310公里。

黄浦江第一桥通车情景（1976年6月29日）（来源：松江史志办）

辰塔路横潦泾大桥（摄影：胡鹰）

松江自古以来水网密布，水上交通发达。直至20世纪60年代，地区客运仍以水上交通为主。水上交通通往周边各镇，以及苏州、嘉善等地。

1949年前，区域内有航道57条，其中通航能力1000吨级的航道2条，100吨级的10条。后随着陆上交通的发展，交通方式逐步由水上运输转为陆路运输，公路、铁路、轨道交通相继建成。水上交通基本退出历史舞台。

沪杭铁路

1909年（清宣统元年），松江第一条铁路——沪杭铁路建成通车。总长186.17公里，设24个车站。松江站成为沪杭线上的重要铁路站点。

1974年7月，建设沪杭铁路双线，路线长度增至200.3公里。

2017年在沪苏湖高速铁路专项规划中，确认将沪杭铁路松江段线位局部优化，东起新桥境内，西至石湖荡镇境内，铁路线位向南迁移，并与沪杭高铁在松江南站并站形成松江枢纽站。

北松公路

1932年，松江第一条公路——松汇路建成通车。随后该公路往东延伸联系华阳桥、车墩、北桥镇，与闵行区沪闵公路衔接连接北桥镇与松江镇，名为北松公路。在1957年以前，北松公路是松江通往上海市区的唯一通道。

沪松公路

沪松公路松江到泗泾段于1935年建成，全长14公里，宽4米。泗泾到七宝段1956年建成，全长9公里，宽6.5米。1957年2月沪松公路全线建成，8月松江到上海市区的公共交通沪松线通车。沪松公路作为松江的主要联系市区的道路，经过多次拓宽和改建，一直为松江东部地区的重要干道。

松浦大桥

1976年6月,跨越黄浦江的公路铁路双层桥松浦大桥竣工通车,成为松江跨越黄浦江的首条通道,公路桥全长1860米,桥面宽12米,铁路桥全长3048米。松浦大桥促成了南北向重要干道车亭公路建成通车。

沪杭高速公路

1990年12月,全国交通重点项目——莘松高速公路建成通车。1998年12月,沪杭高速公路上海段、浙江段同步建成通车。连接上海和杭州的高速公路全长151公里,上海段长48公里。建成后成为松江通往上海市区的重要通道,也是联系沪浙两省和上海通往南方各省的重要走廊。

2016年以来,G60沪昆高速公路成为松江建设G60科创走廊、长三角重要节点城市和上海西南门户的重要交通要素。

轨道交通9号线

2007年12月,上海市郊区第一条地铁线,通往松江新城的地铁9号线建成通车。9号线连接松江新城、泗泾镇、九亭镇、七宝地区、徐家汇副中心和浦东等重要地区。目前该线全长45.6公里,共设23座车站。

沪杭高速铁路

2009年4月沪杭高铁开工建设,2010年10月通车运营,全线运营长度158.8公里,设计速度350公里/时。沪杭铁路客运专线大大缩短了沪杭线各城市之间的出行时间,极大促进了长三角城市群之间的交流。松江南站为沪杭发展轴线上的重要站点。

古道时速——行驶中的轨道交通 9 号线（来源：松江史志办）

现代有轨电车

2011年12月,松江在上海市率先启动现代有轨电车网络规划,成立示范线建设区,该规划在2014年5月获得上海市政府批复。

2015年,松江规划建设上海市郊区第一家有轨电车线路网络。近期建设的T1、T2线,由西向东沿荣乐东路贯通松江老城区和经济开发区,并沿三新北路、新松江路、人民北路、广富林路,穿越新城的大部分地区。有轨电车线路联系了新城的各大商业中心、文化中心、大学城和地铁站,是上海郊区新城中运量公共交通的重要方式。

2018年12月25日T1线建成通车;2019年8月10日T2线建成通车,极大改善了松江新城公共交通服务水平。

松江有轨电车

经济与社会背景

松江的社会、经济和文化发展一直处于上海市郊区的前列。

1958年,松江被定为上海市郊区的工业卫星城镇,并发展成为具有一定工业经济基础的郊区县城。

1978年改革开放以后,以集体经济为主体的乡镇企业迅速崛起。

1980年以前,松江是一个以粮油、蔬菜为主的农业大县,是上海市的"米粮仓"和"菜篮子"。

1980年松江第二产业产值首次超过了第一产业,进入工业化发展阶段。市属企业、区级企业和乡镇企业发展起来,其中一些企业成为国家的名牌企业,"海欣"列全国乡镇企业之首,和其他品牌"大江""新艺"获全国创汇、创利"双优"称号,"黑田""吉鑫"获上海"双优"称号。

松江城门(来源:松江史志办)

松江中山西路(来源:松江史志办)

老城区旧貌变新颜（来源：松江史志办）

1990年起，随着改革开放的深入，经济体制改革和上海市中心城市职能增强，为松江地区经济发展注入了新的生机。

1992年，松江工业区开始规划建设。

1993年，松江全区的国内生产总值为26.5亿元，进入全国200多个县（市）中的百强县，列前30名，成为全国农村小康县。松江进入了全面工业化的阶段，地方工业逐步摆脱了低水平、封闭式的发展模式。伴随地方经济的不断发展与崛起，松江城市格局逐步向外拓展演变。

1994年松江工业区被批准成为上海市郊第一个市级工业区，规划面积20.56平方公里，首期开发2.55平方公里。以外向型经济为主的发展模式翻开了松江经济发展的新篇章。

一座新城的成长：上海松江

1998年松江新城未建设前的全景图(来源：松江史志办)

2006年基本建成的松江新城全景图(来源：松江史志办)

随着投资环境的不断优化，工业园区建设取得重大进展，进入2000年后，松江区紧紧抓住高新技术产业发展的机遇，并于2000年4月、2003年3月经批准先后成立国家级松江出口加工区（A区与B区），成为全国首批15个出口加工区之一。

松江工业区在上海全面建设经济中心的大背景下，2013年，升级为国家级经济技术开发区，2017年建设国家新型工业化产业基地，并于2018年，在上海建设全球科创中心的规划背景下，创建了上海松江综合保税区。

2000年后，随着上海市"一城九镇"的建设，松江新城抓住时代发展的重大机遇建设松江大学城，引进上海外国语大学、东华大学、华东政法大学等七所大学，建设上海市郊区第一条地铁线，建设一平方公里的英式风貌区——泰晤士小镇，迅速成为上海市郊区新城发展的典范，被评为"国际花园城市"。

2010年前后，沪杭高速铁路建成通车，松江南站投入使用，9号线地铁延伸至松江南站，成为继虹桥综合枢纽外，上海市郊区高铁站与地铁站接轨的站点。

2010年规划中的生态商务区效果图

2016年，松江区提出"一个目标、三大举措"的战略目标，全力抓好G60上海松江科创走廊建设、国家新型城镇化综合试点和旅游产业发展三大举措，大刀阔斧推进松江转型发展。

2017年，沪嘉杭G60科创走廊建设战略合作协议签署，随后，涵盖沪苏浙皖九地市的G60科创走廊3.0版本出台，共同促进长三角地区一体化发展。

2019年，国家推进G60科创走廊建设领导工作机制正式启动，G60科创走廊列入中共中央、国务院印发的《长江三角洲区域一体化发展规划纲要》，松江牵头召开2019长三角G60科创走廊联席会议。这一年，松江获评首批全域旅游示范区。

松江南部科技影都发展规划图（来源：松江规划资源局）

松江区地处上海市西南部，沪杭发展轴线上，历史文化悠久、经济富庶，素有"上海之根、浦江之首、沪上之巅"的美誉。行政辖区域面积604.6平方公里，下辖6个街道、11个镇。

2018年底，松江区常住人口176.5万人，地区生产总值1279.67亿元，三次产业结构比例为0.5∶48.2∶51.3，税收收入535.8亿元，财政收入204.38亿元，主要发展指标居全市郊区前列。

松江府城与仓城，远去的辉煌

自松江建城以来，因其悠久的历史文化，成为上海城市文明和城市发展的发祥地，有"上海之根"之称。古代松江府地处交通要道，具有发达的农业和工商业，其棉纺织业曾经显赫中华；松江的书画名流更是远近闻名，独领风骚数百年；作为全国的工商业重镇，松江府城具有深厚的历史文化底蕴和经济实力。

松江县城，单一功能的卫星城

近代的松江县城，城市功能相对单一，城市发展缓慢。在1959年上海市总体规划中提出，要控制近郊区工业区，有计划地发展卫星城镇。在这个时期，上海的第二产业占比已经在77%左右，松江和闵行、吴泾、嘉定、安亭在这轮规划中被定位为上海的卫星城。当时经济发展主要还在市中心区，这些卫星城发展在一段时期内并不理想，城市功能也不够完善。1949年松江城人口规模为4.2万人，到了1980年，小城的人口也不过是6.4万人。

1986年经过国务院批准的上海市总体规划突出显示了对浦东的开发开放和市中心区的优化提升，但在这版总规里，松江作为卫星城也未能得到重视与发展。

松江新城,走向相对独立的规模城市

随着改革开放的深入,2000年开始,上海的规划建设开始逐步由中心城向郊区转移,突出显示"中心城要体现繁荣繁华,郊区体现综合实力"。2001年版上海市总规中提出,充分发挥地方政府的作用,充分考虑社会、经济的协调发展和产业的重要布局。郊区产业园区和基础设施在这版总规期间得到了飞速的发展,2000年提出的"一城九镇"的建设突出了市政府对郊区新城发展的战略意义,上海的城市空间在这个时间得以飞速地圈层式扩张。

随后的发展中,上海全市建设用地面积由2000年年初的254.9平方公里增加到2017年的3088平方公里,上海市建设用地占比达到46%,到达了历史的顶端,直逼生态预警线,足以见得城市空间的迅速扩张之势。

在这样的背景下,松江新城得到了迅猛的发展,由2000年的约15万人,发展到了2018年的约80万人,实现了由郊区小城镇向相对独立中等规模城市迅速蜕变。松江区域人口由2003年的约68万人发展到2016年的约176.5万人,全区建设用地规模由2003年68平方公里到2016年的289平方公里,实现了城市拓展的迅速增长。

城市的演进与规划

第一阶段 松江府城

松江区地处上海市西南部,沪杭发展轴线上,历史文化悠久、经济富庶,素有"上海之根、浦江之首、沪上之巅"的美誉。

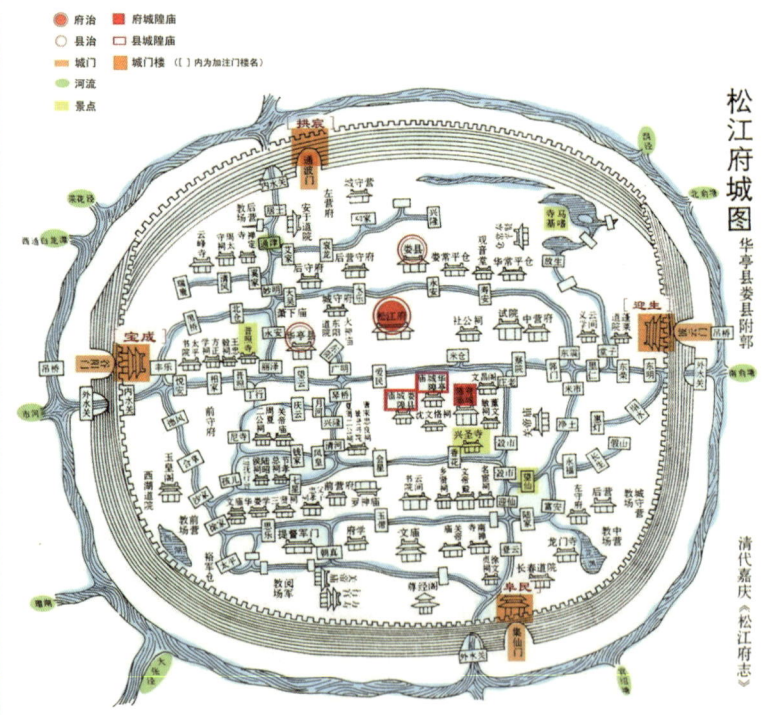

松江府城图(来源:松江史志办)

古代松江府

松江因其悠久的历史文化，成为上海城市文明和城市发展的发祥地，有"上海之根"之称。古代松江府地处交通要道，具有发达的农业和工商业，近代上海开埠前，松江府是江南地区的重要府城之一。松江府辖区包括今上海市吴淞江以南全部区域。府城不仅是府治、县治所在地，又是府境粮食、棉花以及其他商品、贡品集散转运中心。

松江自唐天宝十年（751）设置华亭县治，元、明、清时期商市繁荣、文化兴盛，人口聚集。在元初（1277）升府，城内有一府一县的行政格局，因城内规模有限，城市布局开始往外拓展，建筑逐步沿市河（中山中路南侧河道，后大部分填平，现存西段）向西延展，发展为东到华阳（桥）西跨塘（桥）的繁华景象，到元末已形成"十里长街"（现中山路在此基础上扩建而成）。明代松江城曾被列为全国33个都市之一，为全国重要的纺织业中心，城内漕运兴盛、经济繁荣、人口聚居，城池规模逐步向东西两侧扩展。据嘉庆《松江府志》记载，华亭县宋代人口为11.3万人，元代1290年松江府城人口为88.8万人，明洪武时期（1391）松江府人口为109.5万人（包括华亭县和上海县）。明清两代松江文化昌盛，经济发展，人文荟萃，在诗词文学、书画艺术上松江城均处于中华文化的重要地位。从明代起，松江府已成为全国棉纺织业中心，与苏杭丝织业、芜湖浆染业、铅山造纸业和景德镇制瓷业形成江南五大手工业中心。清代松江城有一府两县行政机构，官绅第宅众多，商店作坊栉比，宅院比邻，市井繁荣。至清嘉庆十年（1805），松江府辖7县（华亭、上海、青浦、娄县、奉贤、金山、南汇）1厅（川沙），府城为地区的中心。大批官员、社会名流、豪绅、富商曾经聚集于此，经济繁荣，社会安定，市井俨然。繁华的盛景一直持续到鸦片战争，而后，随着上海县的崛起，松江的战略地位逐步减退。

第二阶段 松江县城

城市的演进与规划

"一座结构严密的城市，一座绿色的城市。"

1932年松江城（来源：万勇）

1932 年的松江城

从 1932 年的测绘图可以看出,松江城主要布局在以中山中路为轴线的两侧。河流水网分布丰富,护城河与城墙清晰可见,呈现出自古以来松江城"东到华阳(桥)西跨塘(桥)"的繁荣景象。中山西路两侧建筑布局紧密,中山中路轴线出现一街一河的城市面貌。

1937 年 10 月 28 日、29 日,松江城遭到日军毁灭性的轰炸,日机投弹 200 余枚,城池内外,一片狼藉。该图上的一些河道、街巷与方塔、照壁、西林塔等建筑都延续了松江府城布局,在炮火下遗存至今,留下了这个城一千多年来生长的遗迹。

1946 年的松江城

1946 年的松江城,是一个典型的中国古代县城格局。

1946 年松江城区图

城东西长约 1.8 公里，南北宽 1.3～1.6 公里，面积约 2.3 平方公里，城墙周长约 5.8 公里。城墙外护城河连通，陆门、水门、街巷与寺庙分布井然有序，不少地名、路名与河道名一直沿用至今。当年的县政府所在地现为松江的第二行政中心。

1958 年松江总体规划

1958 年，《松江城区总体规划》中提出把松江建设成以轻工业为主的上海综合卫星城，规划人口 36 万。规划中提出，地方工业布局在沈泾塘以西的中山路南北地块，大型工业布置在西南地区沿黄浦江地段；拓宽沈泾塘，使其通航能力达到 500～1000 吨。

规划中还设想远期对横潦泾建设万吨海轮的水陆联运港埠。

在随后的建设中，陆续迁来的一批上海市属工业企业，布置在松江城东西两侧，如海鸥照相机厂、仪表厂，松江成为上海市重要的轻工业基地。

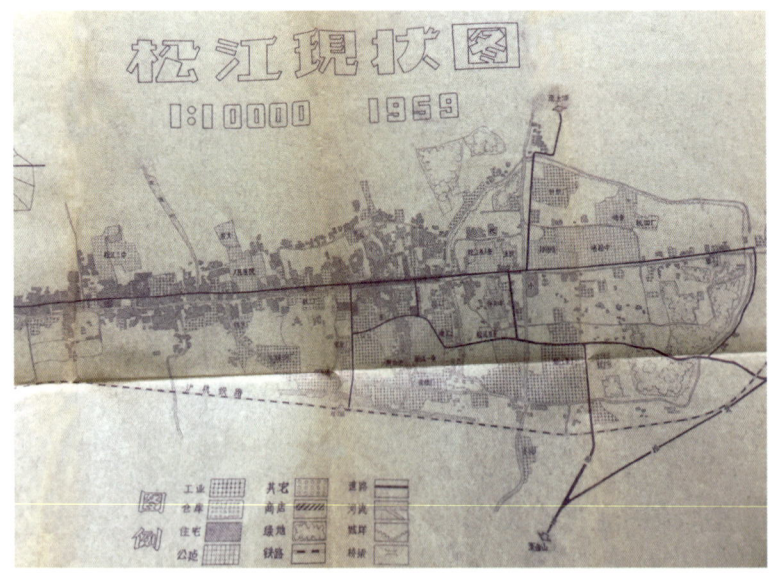

1959 年松江现状图

该规划把松江镇定义为上海的卫星城,但是由于政府推动工业卫星城镇的力度、模式和上海长期重视市中心发展等因素,卫星城并未得到很好的发展。

从 1959 年的松江现状图可以看出,松江府城河道排列整齐,城墙还清晰可见。城墙的位置为:北侧为现环城路,东侧为现环城路,西侧为现谷阳路附近,南侧为现松汇路附近。

据记载,松江府城门随着城市建设的拓展,于 1951—1980 年逐步拆除:1951 年拓宽沪松公路拆除北门,1952 年扩宽松金公路拆除南门,1958 年拆除西门……而后城墙也逐步拆除建路。

当时的松江城以中山中路为轴线,南北展开,呈东西向带状布局,沪杭铁路在城南侧由西南向东北方向绕城而过,中山中路、中山西路的南侧市河平行于道路,东西向贯通,显现出十里长街、十里水路的街市风貌和陆路、水路交通格局。

1982 年松江总体规划

1959—1981 年的 20 余年,松江城建设规模分布以中山中路为轴线的 300 米范围内,形成东西向中山中路、松汇路、乐都路、环城路,南北向玉树路、谷阳路、环城路、方塔路、袜子弄、云间路等路网格局。连接市区的沪松公路、松金公路、北松公路等已经成为对外交通的重要干线。

这个阶段,随着交通工具的改变,新建大量城市道路,拆除城墙,填埋河道(包括护城河与市河东段),街道空间日益丰富起来。

1960 年起,新建和迁建了 10 多家中央部属、市属工业企业,包括上海第二冶炼厂、上海第四机床厂、上海照相机总厂等,形成上海市郊区重要的轻工业基地。

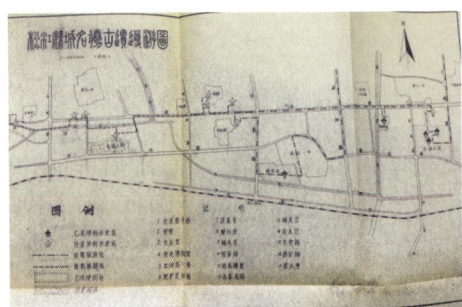
1981年松江县城名胜古迹旅游图

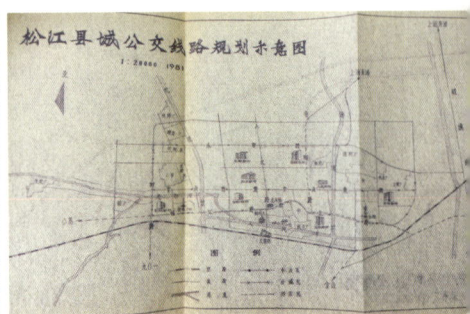
1981年松江县城公交路线规划示意图

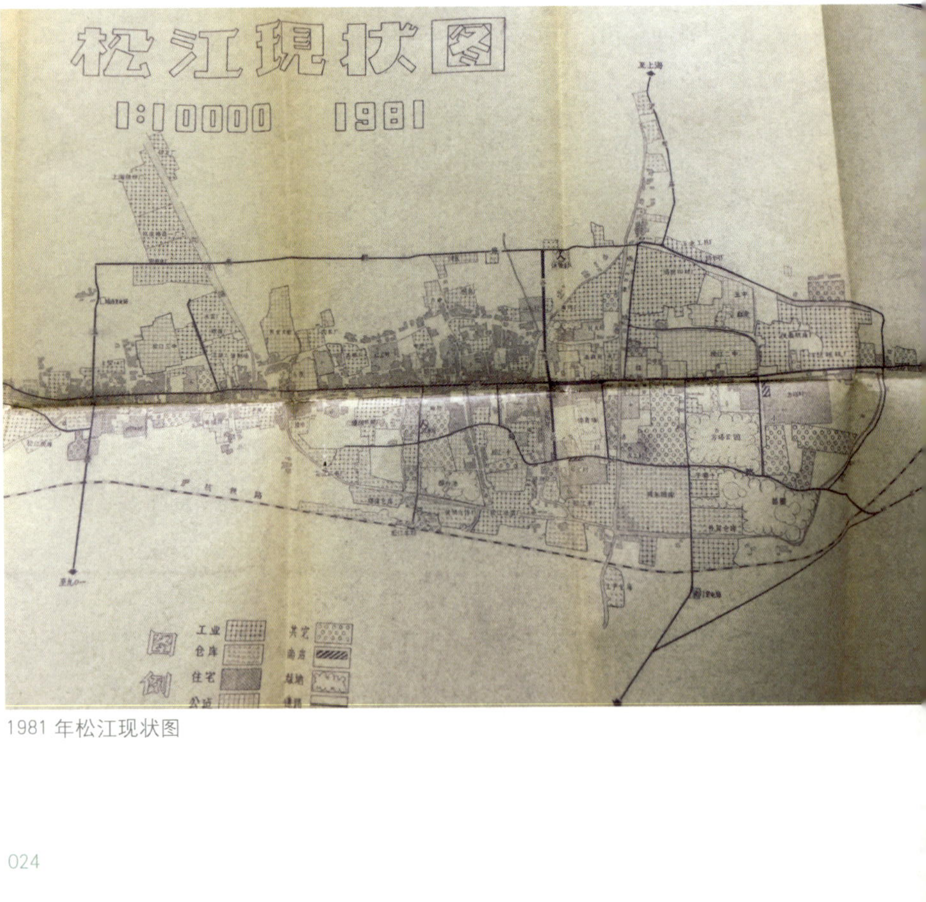

1981年松江现状图

1982年由上海城市规划研究院编制完成的松江区总体规划中提出,松江卫星城是全县的政治、经济和文化中心,也是历史文化古城。

总体规划提出:保持松江地方特色,注意工农结合、城乡结合,改善市政公用设施,实现上海市中心部分工业扩散和鼓励人口郊迁。

现状城镇用地面积6.32平方公里;远期规划到2000年人口规模为15万,用地规模由6.32平方公里扩展到12平方公里。

1990年松江总体规划

松江县在改革开放后,市属企业、区级企业和乡镇企业发展起来,经济发展迅猛,松江老城城市建设与日益增长的经济发展水平矛盾突显。

1990年,由县政府委托,上海市城市规划研究院对1982年规划进行了修编。在这版总体规划中,将松江定位为以轻纺、机械工业为主的综合卫星城,松江县的政治、经济、文化中心,上海市郊历史文化名镇。

规划至2010年,人口规模为25万,用地规模达到20平方公里。

1981年和1990年松江城区总体规划比较

年 份	规划规模		城市性质
	人口规模	用地规模	
1981 (1981—2000年)	15万人	12平方公里	全县的政治、经济、文化中心,上海市的工业卫星城,也是一个历史古城
1990 (1990—2010年)	25万人	20平方公里	松江县的政治、经济、文化中心,上海市的以轻纺、机械工业为主的综合卫星城,上海市郊历史文化名镇

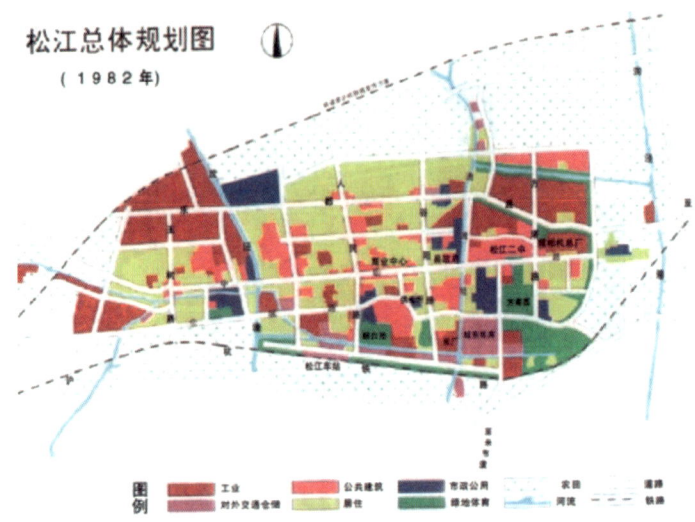

1982年松江总体规划图

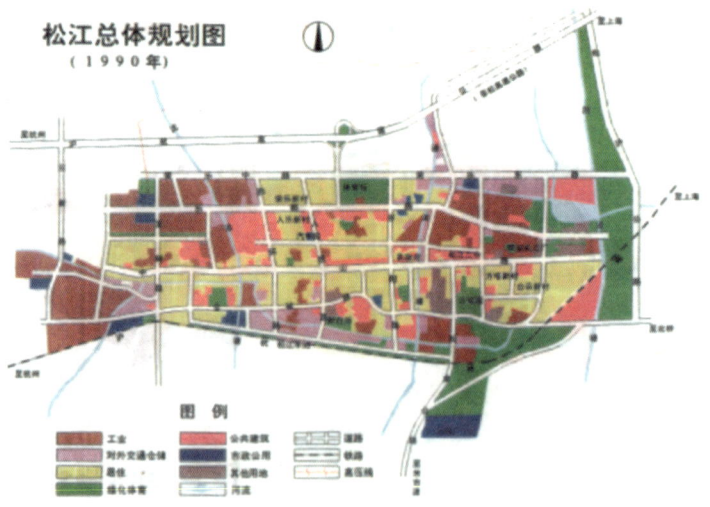

1990年松江总体规划图

1995 年松江城新区规划

20 世纪 90 年代以后,松江城多次面临良好的发展机遇,城市范围不断扩大。到了 1995 年,松江城已经基本形成用地规模和人口规模分别为 10 平方公里、10 万人的小城市,中山中路商业街,主干道谷阳路、人民路日益繁华起来。

随着松江工业区的建设与发展,松江城的人口开始集聚,城市的发展规模逐步扩大,1995 年,松江县政府委托上海市城市规划研究院编制松江新区规划,合理制定城市的发展空间。松江城在松江府城、仓城城址上发展而成,远期发展上受到一定限制,在城市的发展方向上,进行了充分的论证,向东是松江工业区,向西是广大农田并受跨越油敦港航道限制,向南受到沪杭铁路的限制,该规划将松江城发展方向定义为跨越高速公路向北发展。从这个规划开始,确定松江新城区依托老城区向北发展。松江城成为"一城两貌"的城市格局,以沪杭高速为界,南侧松江老城突出松江地方历史风貌,北侧松江新城体现现代气息和欧陆风貌。

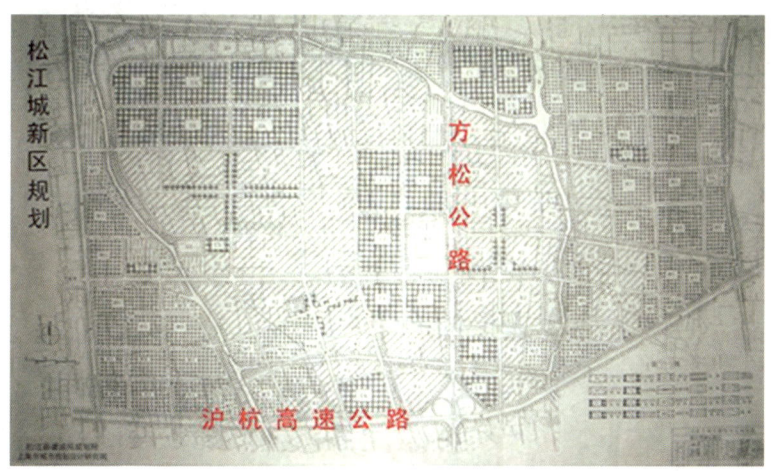

1995 年松江城区规划图

松江新城快速的发展不仅仅是时代的产物、历史的机遇，也是众多领导者、规划者与建设者倾注了青春与汗水的产物。1996年，松江地方政府邀请法国思构设计公司对松江老城区北侧12平方公里的区域进行规划设计，以吸收国外的先进设计理念，营造富有现代特色的城市风貌。邀请国外的设计师设计新城，当时在国内属于首创。

在此规划中，法国设计师提出两大主题："一座结构严密的城市，一座绿色的城市"，大胆地运用了欧洲国家城市绿地的手法，在城市中心运用了两条标志性的宽度分别为300米和250米的中央绿带（一度成为松江新城的标志），其他绿地空间以楔形镶嵌于城市街坊内。

这版规划成就了松江新城目前优美的城市中心绿地体系，在规划中提出中央绿带两侧集中布局城市公共设施，包括高密度的商业商办建筑，形成城市中心。在空间形态上，设计师提出金字塔式的布局形式，中间高，四周低，打造国际化的花园城市，提倡规划布

1996年松江新区总体规划图

局低密度的环境优美的住宅区；城市主干道由两个环行和若干直线性道路组成。

1997年前后，法国设计师莫尼先生多次亲临松江主持新城的规划设计。这版规划描绘了松江新城今后的平面布局，中央绿化带一直沿用至今，图中的东西向绿地就是现在新城中央绿地的雏形，只是在实施过程中，取消了嘉松公路以东绿带；南北向绿带即为当前嘉松公路两侧的绿化带；目前的其昌路、思贤路、文翔路、通波路等都能在此次规划图中清晰可见。而图中的旗天路就是广富林路的雏形，旗天路原为新城区的北部边界线，后因松江大学城大学数量增多，城市用地迅速向北拓展。

城市的演进与规划

第三阶段 松江新城

作为上海市郊试点新城,松江各项建设迅速推进,发展成为上海西南重要的门户和体现郊区发展实力与水平的重要新城,松江城由此进入跨越式发展阶段。

1999年手绘松江新城规划图(来源:王振亮)

1999 年松江中心城区规划

1986 年上海市总体规划中强调提出城镇体系有中心城、卫星城、县城和集镇四个等级,但早期建设的卫星城并没有得到很好的发展,其发达程度甚至落后于上海周边江浙的县城。到了 1985 年,最大的卫星城吴泾有 17.7 万人口,其他卫星城人口在 7 万人左右。由于规模小、功能单一、发展未受到重视等原因,卫星城未能较好地发展,松江亦是如此。

1999 年,在上海重点建设郊区城镇"一城九镇"战略影响下,松江由郊区城镇变为重点建设的"一城"中的新城。作为上海市郊试点新城,松江各项建设迅速推进,发展成为上海西南重要的门户和体现郊区发展实力与水平的重要新城,松江城由此进入跨越式发展阶段。

松江新城的建立与发展,不仅是松江自身发展条件决定的,也是上海发展卫星城与加快新城建设政策下的产物。

1999 年上海市总体规划中提出,完善由中心城、新城、中心镇和一般镇组成的市域城镇体系,郊区城镇要高起点、高标准规划,促进组团式发展;充分发挥郊区城镇在人口集中、产业集聚、土地集约利用中的重要作用;依托大交通和大产业支撑,规划建设若干个城市功能完善、产业结构合理、人口规模在 30 万以上的新城;新城依托区(县)政府所在城镇或依托重大产业及城市重要基础设施发展而成中等规模城市。

这一轮规划了新城 11 个,分别是宝山、嘉定、松江、金山、闵行、惠南、青浦、南桥、城桥及空港新城和海港新城。新城人口规模为 20 万~30 万人。

1999年松江中心城区规划由上海市同济规划设计研究院编制，规划范围由松江老城区14.45平方公里、松江新城区12.11平方公里、松江工业区一期3.55平方公里，以及松江镇邻镇的茸北镇中心区组成，主要城市功能为全区的政治、经济与文化中心。这版规划首次将松江老城、新城区、茸北镇、松江工业区一期统一成为一个整体，形成一定规模的新城，也是今后松江新城的雏形。

规划将松江的城市性质定位为：作为上海大都市西南的重要新城和历史文化名镇，发挥松江政治、经济、文化中心职能，形成具有独立综合功能的现代化中等城市规模；2010年规划人口为25万人，用地规模27平方公里。

2000年前后，松江新城城市建设进入快速发展的阶段，由农业经济时代6平方公里的上海卫星城演变到现状用地达到45平方公里的新城，在居住、公共设施、道路和绿化等用地上进入了大规模的建设时期。

1999年松江中心城区总体规划现状图

2001 年松江新城城市风貌规划设计

一城九镇,是 1999 年上海"十五"期间,构筑特大型城市城镇体系时提出的发展思路。指导要求为"综合考虑城镇的功能定位、历史文脉等因素,借鉴国外特色风貌城镇建设的经验,引进国内外不同城市和地区的建筑风格"。

"一城"即为:松江新城 —— 英式风貌。

"九镇"包括:

安亭镇 —— 德式风貌;

浦江镇 —— 意大利式风貌;

高桥镇 —— 荷兰式风貌;

朱家角镇 —— 江南水乡风貌;

奉城镇 —— 西班牙式风貌;

罗店、枫泾、周浦、陈家镇 —— 欧美风貌。

当时,松江新城要想建设成为英式风貌区,当时在全国几乎没有先例,如何规划、策划与建设,无疑需要借助外来的力量。

2001 年 3 月"上海松江新城城市风貌规划设计国际方案征集"正式开始,邀请了英国罗伯逊公司、英国自然设计公司、英国阿特金斯公司与法国思构设计公司四家单位参加,参与松江新城 22.2 平方公里规划面积的设计。

现场调研的境外设计师们走遍了规划区的田埂、乡村小道。那时候的大学城区域,还是一片片良田、一条条自然河道、一个个自然村落,呈现出一幅幅长江三角洲冲积平原的田园风貌。

英国设计师们抓拍了各种自然景色,甚至农居点院门口的小猫、小狗都在他们的镜头下,设计师在充分尊重自然环境的基础上,勾画出理想蓝图。

这些设计师基本是首次进入中国设计市场，充满了憧憬与幻想，毕竟那段时间在他们的国家，是难有如此大规模的城市规划项目的。

三个月后，英国阿特金斯规划设计公司以丰富的景观空间、合理的用地布局、独特的英式风貌区等特征获评优胜方案。

风貌设计从风貌设计原则、各分区特色、核心区等方面详细设计，招标成果经过优化整理，于2001年8月经市长办公会议审议通过，作为后续规划管理的依据。随后松江新城其他重点区域的设计方案均采用了国际竞标的办法，如新城示范区核心区、轨道交通枢纽区、大学城北区、特色风貌居住区等规划设计，通过公开招标，获得了当今世界上先进的城市规划技术成果，科学地指引城市开发建设。

2000年松江大学城旧貌

2004版松江新城主城总体规划

2004版《松江新城主城区总体规划（2004—2020）》由上海市城市规划设计院编制，在2006年获得市政府批复。

2003年在上海市城市近期建设规划中提出，规划期限自2003年至2007年综合交通、产业、市政设施、生态和环境保护等方面，强化城乡一体化的发展策略，着手构建由中心城和郊区城镇共同构成的上海大都市区。

2004年在《关于切实推进"三个集中"加快上海郊区发展的规划纲要》中，提出建设三个有优势的新城，集中力量建设新城。依托轨道交通、高速公路和重大产业支撑，规划建设若干个城市功能完善、产业结构合理、人口规模在30万以上的新城。突出重点，加快发展轨道交通，建设松江、嘉定安亭和临港等有发展优势的新城。这些新城人口规模按照80万～100万规划。根据上海市总体规划对人口的部署，市区630万人口，郊区1300万人口，其中松江区120万人口。松江新城外部空间面临良好的发展，给新城带来又一次拓展的机遇。为实现新城范围内60万人口的远期发展目标，新城将向西和向北发展作为拓展的方向，并达到60平方公里的城市规模。

在这版现状城市功能上看，老城区居住、工业、公共设施等用地布局混杂，尤其是居住用地占比较大，而道路网密度和公共设施配置水平不足；新城区发展迅速但是缺乏总体协调，尤其是居住用地比重大而相应的公建设施配套不足，生活便捷度受到一定影响。同时新城区跨沪杭高速公路向北发展，南北城区的交通联系不便，使新城主城的整体发展受到一定制约。

规划突出新城要体现并领先上海郊区综合发展实力与水平、居住环境优越、与上海大都市规模相匹配，成为兼具历史文化和现代文化、生态化的园林与旅游城市。

2004 年松江新城现状图

2004 年松江新城规划图

该规划提出，松江新城是一个组团式发展的城市，由新城主城和区域北部的泗泾、九亭两个组团组成，是上海中心城区人口的主要疏解方向之一，也是上海重要的高教基地。新城"一城两翼"的发展格局，"一城"即为组团式发展的松江新城，"两翼"为新城主城东西两侧的松江工业园区和松江科技园区。

规划松江新城主城人口规模60万人，城镇建设用地60平方公里。松江新城主城的主体功能为：以科教和创新为动力，以高新技术产业为支撑，以现代服务业为导向的现代化新城；接纳上海市中心城人口的重要聚居区；松江区的政治、经济、文化中心；上海重要的高等教育基地；适宜居住的生态园林城市；历史和文化交相辉映的旅游城市。

通过对松江新城主城发展方向的研究，确定新城主城的规划范围具体为：沪松公路—沪杭铁路—油墩港—辰花公路。规划至2020年规划期末，松江新城主城用地规模由现状的26.38平方公里发展到63.46平方公里，其中城市建设用地约为60.66平方公里，水域约为2.8平方公里。

这一版松江新城总体规划具有较高前瞻性和引导性，建设与规划布局保持高度的一致性，前期2001年国际方案成果得以严格地执行和落实，较好地指导了新城的规划建设和发展。

在总体规划指导下，新城各项建设有序向前推进，一批优秀的项目包括泰晤士小镇、松江大学城、行政中心、上海市第一人民医院松江分院等相继建成，几年后新城已是繁荣一片。

2010 年松江新城总体规划修改

松江新城总体规划修改暨松江高铁片区总体规划是松江新城发展的重要节点，城市规模和城市范围在这版规划中得以明确，指导着后续十年的城市开发与建设。2010年期间松江规划编制工作的重点，在整合两轮国际招标的成果后，总体方案逐步完成，先后通过中期和最终成果的充分论证。并于2011年经上海市政府〔2011〕121号批复，成为后续松江新城发展的法定规划和理想蓝图，同时也将松江新城的发展推向新的历史阶段。

规划背景

松江新城自2000年启动建设以来，在一系列扶持政策和重点项目的支撑下，迅速发展，由一个郊区10万人左右的小城镇发展成为上海大都市周边交通便捷，环境优美，设施齐备，在上海市乃至全国新城建设中具有一定影响力的示范性新城。

2010年前后，松江新城发展面临国内外经济环境变化，交通条件改变，上海市级大型居住社区在松江区选址，沪杭高铁的建成通车，松江南站投入使用等因素，新城在全市发展中的战略地位出现了变化。

大型居住社区来了

2009年，两批大型居住社区选址落户松江，成为影响松江日后城市布局与发展的重要因素。

大型居住社区是上海市配合中心城区的老旧房屋改造，保障民生工作启动的项目，以廉租房、经济适用房、动迁安置房等保障性住房和面向中低收入阶层的普通商品房为主，一般依托于轨道交通和郊区新城选址。布点在松江的大型居住社区包括泗泾（含泗泾南拓展部分）、佘山北、松江南和叶榭四个社区，约占全市大型居住

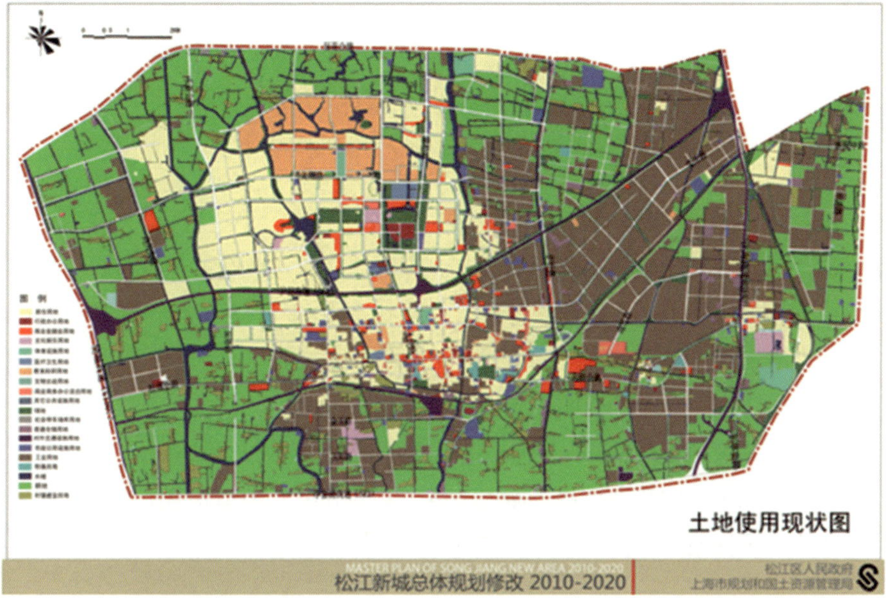

走向松江新城

2010年松江新城总体规划土地利用现状图

2010年松江新城总体规划土地使用规划图

社区面积的四分之一。其中松江南大型居住区选址于新城南部，规划面积约为13.55平方公里。该选址落地为松江新城的新一轮发展拓展了城市空间，也成为松江新城人口导入的重要因素。

交通环境的巨变

铁路按照上海市铁路枢纽规划，高速铁路松江南站是上海市铁路枢纽"四主三辅"的次枢纽站，计划在2010年10月沪杭铁路客运专线通车。铁路金山支线22号线在车墩镇、新桥镇分别设置铁路客站。

轨道交通9号线松江新城站向南建设延伸至高铁松江南站，并在车站广场内实行零换乘；高速公路申嘉湖高速公路建成通车，松江成为中国西部地区和江浙两省进入上海浦东的重要节点。当年，

2009年松江新城南部区域概念规划与城市设计效果图

松江区南北向跨越黄浦江道路辰塔路和松卫公路均未实施。可见，松江南部新城不仅起到了承担松江交通集散地的重要作用，也是松江新城的重要组成部分和新城南部窗口，还是新一轮发展的上海大型居住社区中心和交通枢纽之一。

新城内部发展因素

2009年，现状松江新城主城建成区面积达到45平方公里，新城常住人口达到52万。松江区人口增速居全市各区县首位，由于人口的迅猛导入，给松江原有的公共资源配置带来极大的压力。受到距离上海市中心城较远、交通不便、配套公共服务设施不完善等因素制约，松江新城主城并未成为中心城区疏解人口的主要集聚地，现状主要以当地城市化人口和外来的产业人口为主。

2009年松江新城南部区域概念规划与城市设计效果图

新城内部南北阻隔、东西跨越的城市格局造成城市内部交通不畅。城市格局是在郊区城镇的基础上发展而来，原有的交通格局、道路网络逐步生长与变迁、发展，并与时代同步发展而来的高速公路、高速铁路、有轨电车、地铁等交通方式相交融，私人小汽车的迅速发展，给原有的道路系统带来极大的挑战。受到上海产业布局政策导向的影响，松江新城在经济发展上一直偏重制造业，现代服务业发展相对滞后，未能形成具有一定影响力和规模的服务平台，区域性服务中心的地位未能得到体现。

在多重因素影响下，2010年总规进行修编，着力解决新城新一轮发展中的问题。松江新城处于嘉青松——上海市空间发展重要功能板块之一，进一步强化上海对长三角地区的服务职能和创新引领职能，新城城市性质向相对独立的综合性城市转变。

规划方案在松江南站北侧的高铁商务中心，塑造体现上海西南门户特色的城市景观。高速铁路东部以人工湖为核心，通过滨水绿带，促进城市生态空间与公共空间的渗透融合，布局文化、体育、商业等大型公共设施，塑造服务便捷、活力充沛的城市生活区中心。

规划范围：东至区界—铁路金山支线，南至申嘉湖高速公路，西至绕城高速（G1503），北至佘天昆公路—辰花—卖新公路。

规划总用地面积约为158平方公里，建设用地约为120平方公里，规划人口约为110万人。

高铁片区规划期间同步开展各专业规划工作，分别与"十二五"发展规划、道路交通规划、河道水系和给排水规划、环评报告等同步。规划编制过程中，充分听取了各级专家的意见与建议，从不同层面为方案的修改和完善工作提供了明确的指导意见，使松江新城在本次规划的引导下继续成为上海新城发展的示范。

2010年总体规划修改批准后，开创了松江公共设施水平进一步提升的新格局。随后，松江新城国际生态商务区、飞航广场、鹿都广场和东鼎商业中心等一批商业中心、副中心此起彼伏，丰富了松江新城内公共活动空间。

经过约十年的建设，这个片区路网结构基本建成，大型居住社区已经相继开工建设，因受存量用地开发、嘉松公路南延伸、沪杭铁路南迁等多重因素的影响，该片区的建设进展较缓，但同时也为产业的提升与转型发展赢取了宝贵的时间。基地内的胜强影视基地发展势头不减，成为地区的重要特色支柱产业。目前松江南部新城区域正按照G60科创走廊"一廊九区"的定位，为"松江科技影都"的重要发展区，后续将迎来影视产业的新发展。

松江新城国际生态商务区街景（来源：商务区管委会）

G60松江科创走廊规划

2017年，按照上海市2035总体规划的布局，上海规划建设卓越的全球城市，开展《关于加快建设具有全球影响力的科技创新中心的意见》总体部署。松江区抢抓机遇，把握上海科创中心建设和长三角一体化发展，加快建设G60科创走廊，这是推动松江新一轮发展的重要举措。

G60科创走廊规划于2017年启动，为松江的新一轮发展和长三角一体化发展做好重要的策划。向东承接中心城，向西辐射苏浙两省，推进建设长三角的G60科创走廊，促进创新产业高度集中，带动区域经济发展，建设有一定影响力的科创中心。

G60松江科创走廊规划中，构建松江"一廊九区"的产业空间布局结构：一廊，即以G60松江段为载体，串联各主要科创节点的科技创新带、新兴产业带、高效交通带。九区，即以九科绿洲、松江新城总部研发功能区、松江经济技术开发区西区等三大综合科创节点，以洞泾人工智能产业基地、松江科技影都、松江经济技术开发区东区、松江出口加工区、松江智慧物流功能区、松江大学城双创集聚区等六大专业创新节点，共同组成的九个创新产业片区。

九科绿洲（临港松江科技城）

总面积约26.6平方公里，位于九亭、洞泾、泗泾、新桥四个镇交界处。重点发展生物医药、先进制造业等产业，以及总部办公、生产服务型企业等现代服务业。

松江新城总部研发功能区

总面积约14.5平方公里，位于松江新城生态商务区范围。定位为发展高品质商务集聚区、研发设计中心等战略新兴产业，以及完善企业总部商务办公等功能。

上海松江科创走廊总体发展规划（过程中）

松江经济技术开发区西区

总面积约 24.1 平方公里，位于松江经济技术开发区西部。定位为大型先进制造企业集聚的产研一体的生态型高科技示范园区。依托现存的服装设计创意园等特色产业，与松江大学城高校实现校企联动。

洞泾人工智能产业基地

总面积约 21.3 平方公里，位于洞泾和泗泾镇。定位为以机器人研发生产为核心的智能装备制造基地，重点发展机器人（本体及核心零部件）制造、控制系统等智能制造和延伸产业。

松江科技影都

总面积约 13.3 平方公里，位于松江新城南部。依托永丰街道和车墩镇影视基地，定位为松江科创核心区、全球知名的影视产业集聚区等。重点发展影视专业功能、衍生功能、配套功能，建设综合性影视产业集聚区。

松江经济技术开发区东区

总面积约 37.6 平方公里，位于松江经济技术开发区东区。定位为长三角的先进制造业基地，着力巩固提升现有都市工业，并进一步完善园区配套功能。

华阳湖核心区规划效果图

松江出口加工区（综合保税区）

总面积约 5.3 平方公里，定位为集 IT 生产、保税物流和商贸服务等多功能的跨境贸易示范区。聚焦于以新一代电子信息为主的先进制造业，以及以保税物流为主，发展生产性服务业。

松江智慧物流功能区

总面积 13.7 平方公里，位于石湖荡和新浜镇。定位为"上海制造"重要的采购和转运中心，主要发展物流基本服务和相关配套服务等。

该规划后续纳入松江区总规，作为法定规划予以实施，既是全区的产业布局规划，也是对全区未来发展的强大指引，对长三角一体化发展起到重要的促进作用。

松江大学城双创集聚区

总面积 10 平方公里，位于松江大学城及周边区域。定位为先进科创人才与科创思想的汇聚地，包含上海外国语大学、东华大学等七所高校，将通过构建创新创业平台、人才服务与培育等平台，推动产学研一体化发展。

华阳湖核心区规划效果图

崛起的新城故事

新城在短短的五年里建设了近30平方公里，可以说创造了松江城市建设的奇迹。

泰晤士小镇

寻找英式风貌区规划设计单位

2001年,松江新城区在法国设计师的规划蓝图上,进行深入的提升优化,希望能融入英式的风貌特色,计划采取国际方案征集的形式开展松江新城规划设计工作。

但在20年前,境外设计机构在国内设置办事处的微乎其微,开展这项工作也是凤毛麟角。当时在局领导的工作安排下,我便开始寻找英国的规划设计单位。

当年,电子邮件运用还不够广泛,在科室电话线拨号上网的条件下,我找到了英国皇家规划师协会的联系方式,并尝试用发邮件的方式和他们取得联系。要知道,当年宽带尚未普及,打国际长途是非常昂贵的,打往英国一分钟需要十几元人民币,况且一般的电话是拨不了国际长途的。

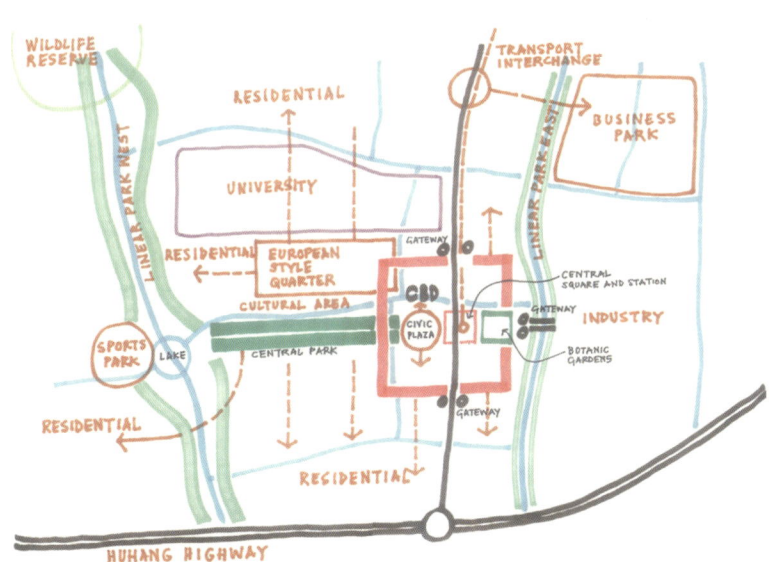

2001年松江新城国际方案征集手绘图

就这样，当年在上海松江建设大厦三楼 307 办公室，通过电话线发出去一封电子邮件，内容主诉中国上海松江，一个发展中国家的大城市郊区，需要打造英国风貌的新城，请英国皇家规划师协会推荐英国方面的设计单位。

不久，让人惊讶的是，我的邮箱里居然有了回复，不像是一个漂流瓶漂向遥远的太平洋便杳无音信，而是收到一封来自英国皇家规划师协会的 E-mail。

邮件中附有在英国皇家规划师协会注册并排名的规划设计单位，其中 ATKINS（阿特金斯规划设计公司）是排在三甲的规划设计单位，还详细说明了 ATKINS 在中国北京刚设立了办事处，以及他们的联系方式。

就是当年的这封来信，让 ATKINS 和松江结下了不解之缘。ATKINS 北京办事处派人来到松江，作为四家单位之一参与了松江新城的风貌设计方案征集活动。很快这家事务所以主导松江新城规划设计闻名全国，不久便在上海设立了办事处。

至今这封 E-mail 保存在一张 3.5 英寸的磁盘上，苦于没有机器可以读出来，只能封存在黑色的塑料磁盘里了。

走向松江新城

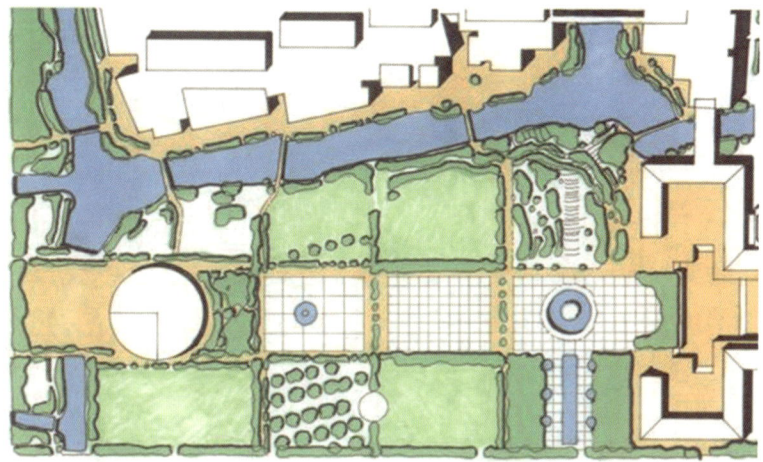
松江新城核心区中央绿带平面图

松江新城核心区中央绿带平面图

051

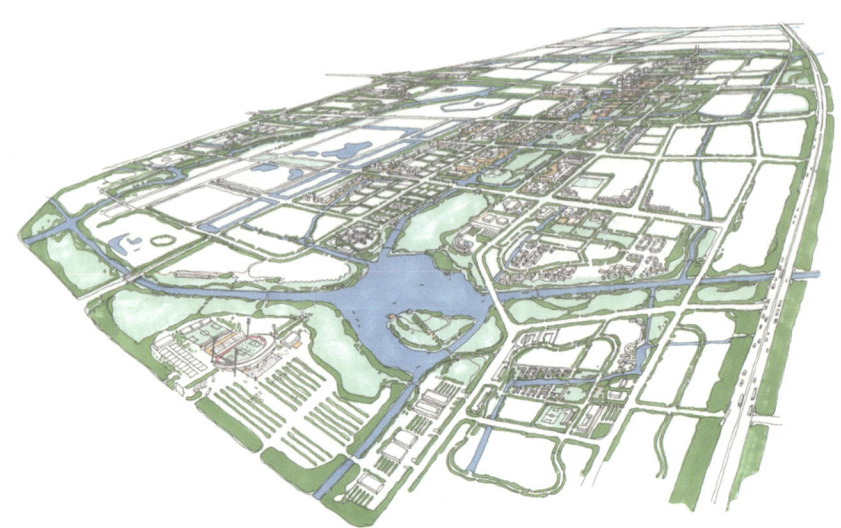

2001年松江新城城市风貌规划设计图（鸟瞰图）

2001年松江新城城市风貌规划设计图（夜景图）

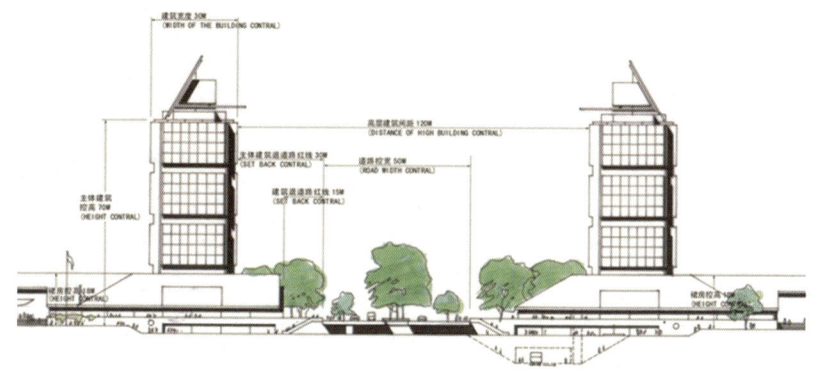

2001年松江新城城市风貌规划设计图(中央核心区标志性塔楼立面图)

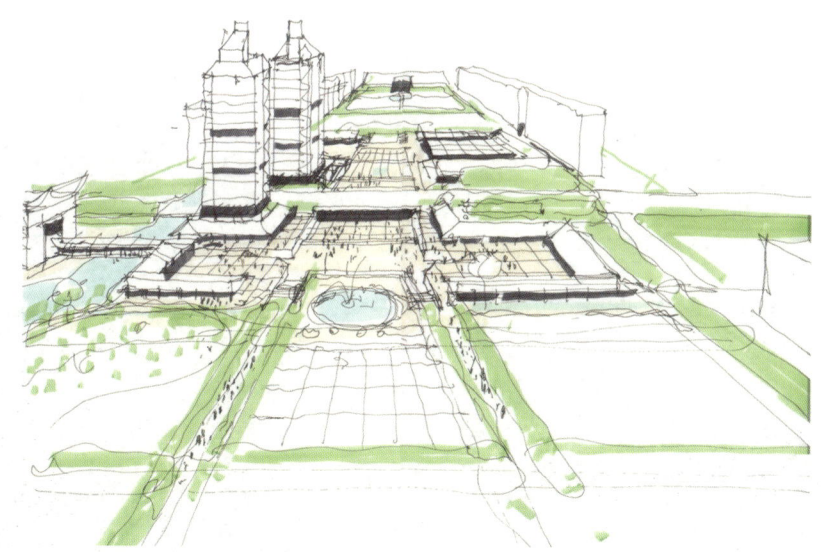

2001年松江新城城市风貌规划设计图(中央核心区局部透视图)

一座新城的成长：上海松江

泰晤士小镇

泰晤士小镇

泰晤士小镇

走向松江新城

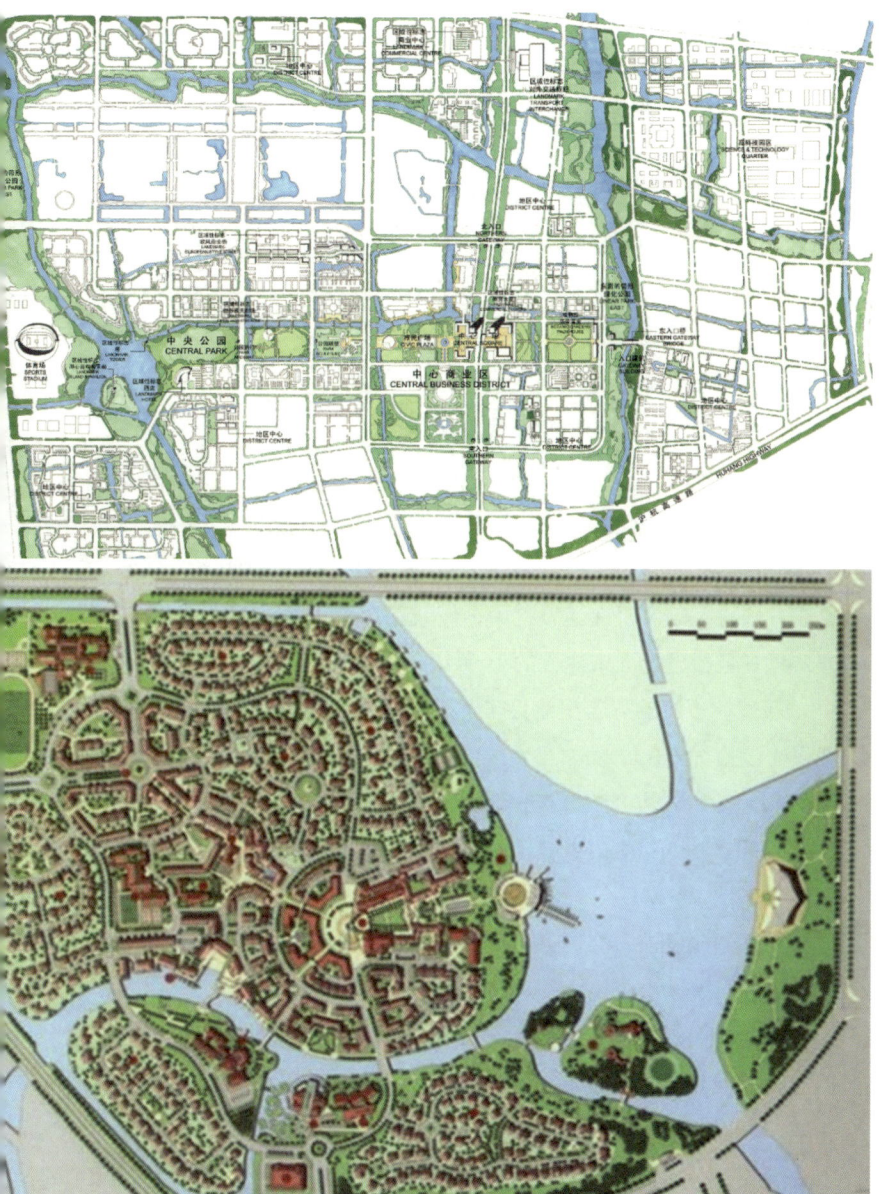

泰晤士小镇

2000年新城规划故事

1999年后,在特定的历史环境下,松江进入了快速发展的时期。

1999年松江新城的现状建设用地为14.03平方公里,2001年发展到23.56平方公里,2005年初松江新城的现状建设用地已经达到了45.67平方公里(包括已批准未建设的土地)。在建设初期,就可以明显看出来,如在1999—2010年新城总体规划中,绿化用地为3.50平方公里,在经过两年大规模建设后,2001年绿化用地达到了3.24平方公里,几乎达到了远期规划的要求。

由几张不同时期的松江新城现状图可以看出:

1996年时松江新区尚是一片空地,1999年开始由老城区向北推进建设,2001年松江新城用地由1999年的14.03平方公里发展到23.56平方公里。2005年年初,松江新城核心区和松江大学城基本建成,核心区以西正在建设之中,新城现状建设用地达到了45.67平方公里(包括已批准未建设的土地1.6平方公里)。

新城在短短的五年里建设了近30平方公里,可以说创造了松江城市建设的奇迹。

1959—1981年的20多年间,城市发展不足5平方公里。

1990—1999年的10年间,城市扩展不足8平方公里。

1999年到2005年,新城扩展了30平方公里,现状城市建设用地为45平方公里,达到了中等城市的规模,实现了由小城镇快速发展为中等规模城市。

在这个时期,重要事件推动了新城的建设,2000年前后,松江抓住高校向外拓展的时机,建设松江大学城,引入七所高校,使松江城市发展步入文化兴城的发展思路上来。上海市郊区新城的第一条轨道线——轨道交通9号线规划落地,贯通松江新城和上海徐家汇次中心的轨道交通给松江的发展注入新的活力。随后,上海第一人民医院分院落户松江,加强了松江公共服务设施的配置,给当年松江建设上海郊区新城带来新的发展机遇。

在这轮规划中,曾经提出将地铁 1 号线延伸到松江新城,具体线路为莘庄地铁站起点,沿莘松路向西延伸至嘉松南路往南进入松江新城;后来因 1 号线为上海首条地铁线路,延伸至松江的可能性较小,该路线被取消而改为新增线路 9 号线连接松江与宜山路,后续又延伸至浦东地区。

随后,为了将美好规划蓝图落实到规划管理与建设中去,新城区开展了各类研究工作,如我曾主持撰写了《关于松江新城区一期工程居住区公建配套设施建设的设想》,一期用地范围为:松江新城思贤路以南、通波塘以西、沈泾塘以东、沪杭高速公路以北地区;该地区划分为三个居住区,并将该区域定义为 21 世纪新松江的形象区,注重建筑形态、造型与色彩,总体要求建筑层数以低层与多层

2000 年松江新城规划发展示意图

为主，重点建设3~4层的住宅，建筑高度控制在10.8~13.5米，建筑间距按照1:1.4进行核算。按照用地规模测算居住人口规模，规划预留公共服务设施用地，布置绿地与公园，保持优美的城市环境。这些规划研究在当时很好地指导了城市的开发建设。

新城启动建设之初，住宅建设强调以中、高档住宅建设为主，突出人居环境，实现人与自然的和谐共生。2000年前后新城区住宅用地的出让大多为协议出让地块，如江虹小区、江中小区等，以本土房产商开发为主，基本是松江本地居民为改善居住条件而购买入住。2005年前后，随着上海第一人民医院松江分院和松江大学城的建设，松江新城内曾配置市区导入松江的医生和教师配套住宅用地，如位于通波路上的安琪花苑、松云水苑等，渴望高素质的人口入住松江城。

在公共服务设施配套上，一方面引进松江大学城，另一方面整合松江原有的中等教育学校，并将位于松江老城区的大江职校和松江建工学校迁并到新城区，拓展新城区内的教育资源。并在一期用地内新建了2所中学、3所小学，以及若干幼儿园。

商业设施布局上，规划设想以东西向绿带为轴线向南北两侧展开，建设中央商务区，即以新城的行政中心广场（现为松江区政府周边区域）与文化广场（现为图书馆与青少年活动中心）相邻，中央绿地北侧集中建设高标准的商务楼、宾馆、购物中心、酒店等设施（现人民路以西地块为地中海购物广场，而人民路以东地块目前尚未开发）。中央绿带的南侧，规划建设成为集休闲、购物、餐饮、娱乐业为一体的中小专业店，形成高档次的商业街区（现为嘉和广场，沿文诚路商业街，东至人民路西至沈泾塘沿线的商业街）。并规划在西其昌路（后改名为江学路），建设体现欧陆风情的餐饮美食街（现为兰桥休闲商业街、东明商业街等）。正是在当时的规划管理框架下，松江新城的规划得以有效地落实。

泰晤士小镇（摄影：孙新峰）

泰晤士小镇（摄影：蒋建新）

一座新城的成长：上海松江

泰晤士小镇（摄影：胡鹰）

让设计师们难以置信的是,在一个神奇的时代机遇下,2005年他们描绘的区域在各级管理者、建设者的辛勤工作下,大部分住宅区、商业街区已经基本建成,第一人民医院松江分院开业,松江大学城投入使用,泰晤士小镇开镇迎客。松江顺利地成为上海郊区以英伦风情为主的风貌区,1平方公里英式风貌区——泰晤士小镇由此而建。

松江经济技术开发区规划回顾

1992年,松江工业区开始启动建设;两年后,1994年被批准为上海市首家位于郊区的市级工业区,一期用地2.56平方公里。园区启动后发展势头良好,扩量增速明显,位居上海九大工业园区的前列,规划用地迅速拓展到20.56平方公里,全面带动了松江经济与社会的全面发展。

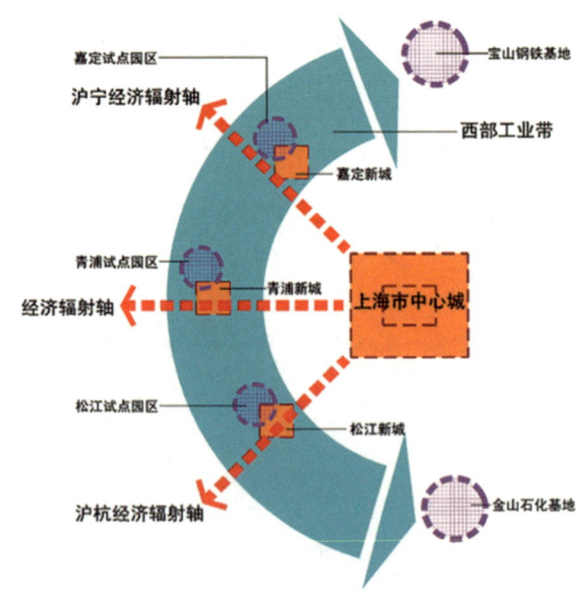

松江试点工业区规划

2002年召开的上海郊区工作会议指出：上海郊区进入了城乡一体化发展的历史新阶段，需要拓展制造、创新、研发等产业。并提出"上海郊区要进一步改善投资环境，形成投资收益福地……减缓制造业转移的趋势"的指导意见（沪府办〔2002〕72号文件精神），松江积极争取拓展与提升松江市级工业区的范围与品质，规划融入产业制造、创新、研发等未来产业。随后，在市政府的批准下设立了松江试点园区。

2003年启动编制《松江试点园区规划》。松江试点园区依托中部的松江新城形成东西两个分区，东翼依托原松江工业区，拓展了新桥车墩等现状镇级工业园，面积为41.26平方公里。范围为：东至茜浦泾、嘉金高速公路（规划）；南至闵塔公路；西至松江新城、沪松公路；北至辰花路。西翼依托台积电项目（规划建设）、松江科技园区，融入大港、小昆山等现状镇级工业园。面积为18.53平方公里。范围为：东至油墩港、松江新城；南至沪杭铁路；西至斜塘港、同三国道；北至辰花路。东西两翼分区规划面积合计59.8平方公里。

规划背景

松江已建成工业用地的成效有了显著增长，但土地集聚效应和土地经济效益未达到预期的效果，园区地位有待提升。期望通过规划引领，推进用地升级和整治，改变布点分散、配套不足、土地经济效益不高的状况，全面加强管理，提升园区招商引资和整体经济运行质量。

规划方案

在规划方案中提出，松江新城和试点园区是松江区域布局中"一城两翼三片"中一城两翼的主体。新城为全区的政治经济、科技文化、教育医疗中心，是松江未来经济腾飞的主体。试点园区集大规模制造业、高科技产业和出口加工业等第二产业为一体，是松江未来经济腾飞的双翼。

松江试点园位于松江新城的东西两翼，以防护绿带（西侧为油墩港防护绿带，东侧为洞泾港防护绿带）与松江新城相隔离，形成相对独立的工业园区，减少对松江新城的负面影响。东西向的文翔路穿过东西两翼和松江新城，形成城市发展主轴。

东翼在原松江工业园的基础上结合新桥镇和车墩镇的现状工业用地，并加以整治完善，合理布局形成以大规模制造业为主的工业园区。西翼结合小昆山镇和在建的台积电项目，形成以高新技术制造为主的科技园区。

回顾这版规划布局，产业园区相对独立，道路网密度较低，也意味着后续城市发展中居住区和产业区融合不足，街坊尺度较大，道路密度不足等现象。分别位于松江新城东西两翼的布局方式，为2010年版松江新城总体规划修编埋下了伏笔。

随着产业的发展和新城能级的提升，2010年新城总规调整，将东西试点园区纳入新城范围统一规划，提倡产城融合，加强道路交通布局，避免钟摆式的交通方式。这版产业用地的大规模布局，为今后松江成为产业用地大区提供了充裕的工业用地保障，也为日后的2016年提出松江G60科创走廊建设奠定了重要的产业基础。

走向松江新城

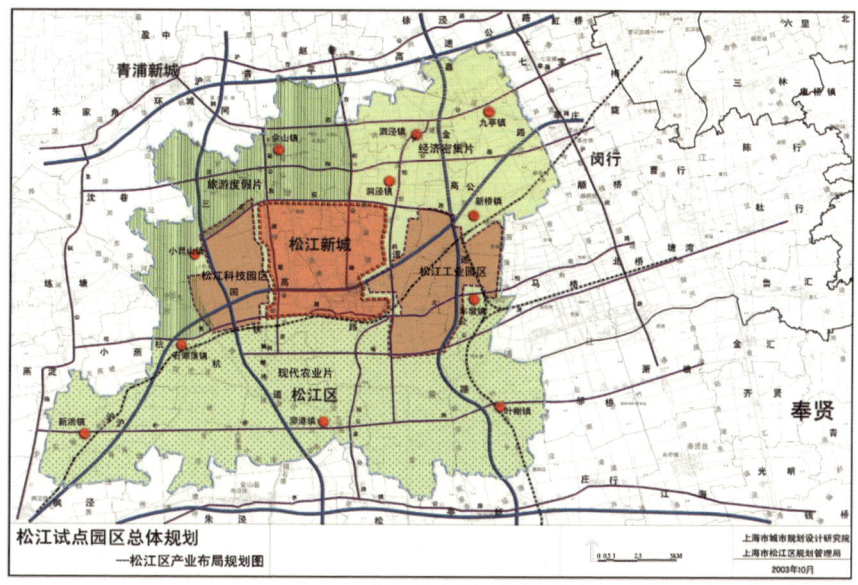

松江试点园区总体规划 —— 松江区产业布局规划图

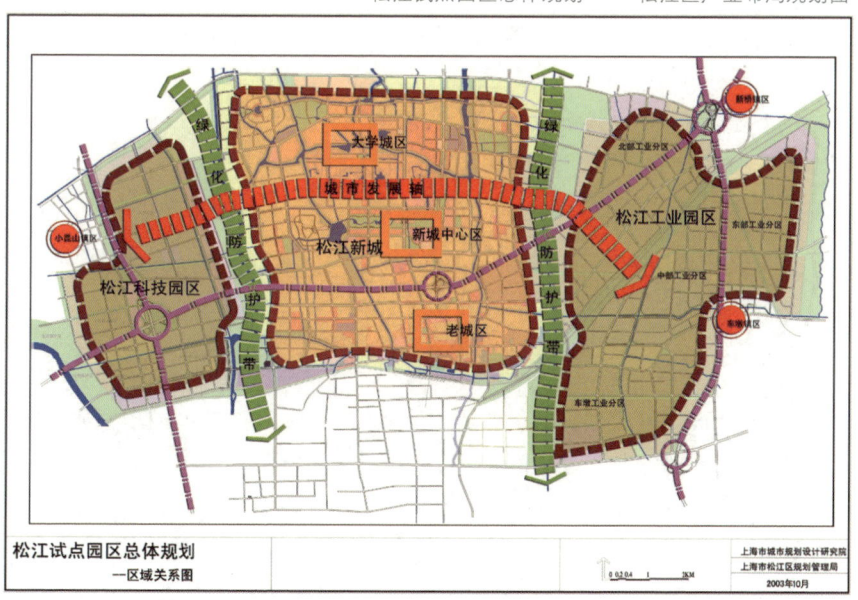

松江试点园区总体规划 —— 区域关系图

一座新城的成长：上海松江

走向松江新城

松江俯瞰

松江大学城规划与建设

松江大学城位于松江新城的西北部,规划用地面积 8100 亩(5.4 平方公里),规划总建筑面积约 208 万平方米,建设总投资约 57.53 亿元。大学城始建于 2000 年,2001 年秋正式使用,是一个由多所学科特色鲜明的大学组成的综合性大学园区。

松江大学城在新城建设的初期就投入建设,与新城同期建设和成长,为提升松江的文化氛围和知名度、带动地方商业的成长和市场繁荣起了重要的作用。

松江大力引进市中心的大学,最初引进的五所大学的规划范围为以文翔路以北,张家浜河以南地区,后期随着入驻大学城的大学增加至七所,用地逐步向北跨越河道拓展到广富林路,以满足七所大学的用地需求。10 万大学师生的进入,促成松江新城文化城区、国际花园城市的迅速崛起,也促成了松江轨道交通的迅速落地实施;松江大学城的建设,使新城建设发展无论在规模上、环境质量上,还是城市品质、文化品位和国际知名度等方面都有了巨大的飞跃。

松江大学城(上海立信会计金融学院)

七所大学的校园布局上,建设之初开展了国际方案征集,采用先进的城市设计手法,提出参考英国大学开放式的布局。在原有总体规划的布局上,修改新城西北部分的城市布局,路网和城市用地布局,大学用地大量增加,也造就了城市继续向北、向西拓展的方向。

规划中确定了七所大学必须统一规划、分步实施、重要校舍资源(硬件)共享的总体思路。明确了七所大学统一建设,多元化、市场化投资运作的思路;确定了七所大学基础教育资源(软件)资源共享的教育管理思路和七所大学后勤服务社会化运作的思路。

大学城内,绿地与水网交织,七所大学集中布局,每一个校区都蕴含着深厚的文化素养与价值追求,每一幢建筑都具有独特的寓意、功能与其背后的故事。一幢幢校园建筑,构筑了美丽的校园文化。在规划设计上,七所大学共享公共资源,共享带上布局了体育场馆、公交枢纽、文汇路商业街、公共服务中心等设施,形成开放型的大学城区。七所高校校园布局各有千秋,大多强调中轴线布局,突出主题建筑特色,学院建筑风格各异,构筑松江新城的美丽风景线。

松江大学城(上海视觉艺术学院)

一座新城的成长：上海松江

走向松江新城

松江新城全景（摄影：孙新峰）

松江新城生态商务区

按照2005年松江新城区初步建成的目标,2000年后松江新城区(这里指新城G60高速公路北侧区域)迅速投入建设,一批重大项目落地建设,大学城、商业区、居住区相继开工建设。沿着东西向中央绿化带两侧的公共设施用地在项目实施中逐步建设为商业中心、商住混合街区,如绿化带北侧的阳光翠庭板块、地中海商业广场,南边的珠江新城、嘉禾商业广场等项目。

为了补充松江新城商务办公功能,2006年前后,在松江大学城地铁站东约1.2公里的原茸北工业区北侧规划了八幢商务楼,方案设计中南北各四栋楼,中间围合城市中心绿地如同白玉兰花瓣,故该区域又称为"白玉兰广场",这就是昂立大厦、月星家居广场、温商大厦、复旦复华商业广场等八栋商务楼的雏形,也是新城生态商务区规划的一期用地。随着八栋商务楼土地的相续出让,松江新城生态商务区规划出炉,规划范围为:辰花公路以南,梅家浜路以北,沪松公路以西,通波塘以东地区,用地规模约4平方公里。规划方案中以茸兴路为中轴线,中心区形成倒T字形的中央绿地和马蹄状的城市中心广场,布局大面积的商业和商务办公用地,形成与松江新城区功能相补充的商务商办功能区。

2010年后,松江新城生态商务区开发建设迅速崛起并成为松江新城的重要商圈,有一个重要的引擎作用,那就要归功于地方政府将万达商业广场成功引入。2012年起,万达广场拓展部频繁来往松江,积极对接商务区管委会,计划在江桥万达建成后,将上海郊区的第二个万达广场落户松江。按照万达广场的选址要求,商务区的控制性详细规划中确定的商业地块难以满足要求;公司看中了沿广富林的一规划性质为居住用地的地块,为了吸引万达项目,政府不惜居住用地的土地出让金,将居住用地调整为商业办公用地,保证该项目的顺利落地。在多方紧密配合下,该项目 2012 年上半年拿地,2014 年上半年建成开业,创出松江商业综合体开业建成时间上的新纪录。万达广场发挥领头羊作用,影响了周边地块的定位与发展,并带动了一批项目的开发建设(如富悦酒店、三迪曼哈顿、五龙商业广场等重要项目),迅速推开商务区作为新城商业商务副中心的建设篇章。

富悦酒店随后成功摘牌,按照一栋酒店,两栋商务办公楼的方案迅速投入建设。万达北侧的住宅地块,随着土地招拍挂的推出,信达地产、万科地产等公司先后拿地投入建设。

十鹿九回头

该区域的成功建设发挥了城市规划的引领作用。商务区的发展，是由一期八地块策划发展而来，即螺旋桥所在绿地的南北各四个地块区域。随后，规划范围4平方公里内，统一规划，分期实施，确保项目按照规划落地。

一期八地块风貌的统一，源于复旦规划建筑设计研究院对城市风貌统一设计，对建筑高度、建筑退让、建筑色彩与装饰都有严格的要求，形成东高西低、风貌协调的特色。而商务区内一座红色的螺旋桥建设源于复旦规划建筑设计研究院在一期八地块风貌设计中引入中心景观轴线的概念，希望和万达广场形成中部景观走廊，形成北到广富林路、南到梅家浜路南北向的步行通廊，在跨越河道处布局了参考荷兰的一个红色景观桥。因其色彩鲜艳，造型别致，商务区在后续建设中，运用这样的设计理念建设而成。

科学地下空间布局。商务区前期启动中编制了地下空间专项规划，根据规划布局，充分预留地下空间，标高设计上科学布局，确保未来发展需求。今后，地下空间一层可以根据需要实现联通发展。

松江新城生态商务区

启动综合管廊布局规划。市政基本设施建设上，协调各管线开发单位，统一开发时序，确保地下管道同期建设，同期使用。

体现海绵城市格局，生态宜居氛围。商务区内鼓励使用节能环保材料、海绵城市建筑材料等方案，不少项目使用新材料新技术，如光伏电、地源热泵等，实现生态环保、宜居宜业之态势。

地名凸显松江地方特色。商务区建设初期，规划的道路南北向以茸字来命名，如茸梅路、茸兴路等，寓意为在茸北镇内；东西向道路以中字来命名，寓意为在中山街道；后来道路增加越来越多，给道路取名工作带来一定难度。2012 年，在商务区从事规划工作的我认识到地名的重要性，和行政办公室的蔡先生大量翻阅当地的地方文献资料，充分挖掘地方乡土文化，让商务区的每一条路名凸显本土特色。参考了本地区的自然村名或自然河道名给道路取名，同时结合商业商办的功能融入街和路名，如东西向以街命名，南北向以路命名，这个街区的牛家斗街、里陆街、黄渡浜街等路名都各具地方地域特色。

松江新城生态商务区

松江新城生态商务区

走向松江新城

松江新城生态商务区

高铁片区国际方案征集

高铁片区为松江新城南部的重要分区,新的历史环境下,需对松江新城的功能定位和规模等级等进行重新审视和思考。面临新的发展背景,2009年下半年,松江组织了"松江新城南部区域概念规划"国际方案征集,经过几个月紧张工作,征集工作获取了优秀的成果,吸取了日本、德国、英国等多家国际公司的先进规划设计理念。2010年8月"松江新城高铁片区核心区概念城市设计"国际方案征集进一步开展,为松江新城的新一轮发展提供新的发展思路。两轮方案的征集,为后续法定规划的编制提供了丰富的前期研究成果。

在这次重要的国际方案征集中,得益于前期的大量工作积累,2010年5月我主笔了城市设计的任务书,带领多个设计团队现状踏勘、答疑与调研。任务书中提出征集方案需研究规划区与松江新城各组团间的联系,结合上海大型居住社区建设和发展特征,进一步完善松江新城城市功能,借鉴国内外新城发展案例,提出松江南站高铁核心区产业发展导向。期待设计师能站在引领松江、服务全国的视野上,预测沪杭高铁上的站点对于松江地区的辐射和带动作用,塑造松江新城高铁片区的特色和形象。

高铁片区规划布局图

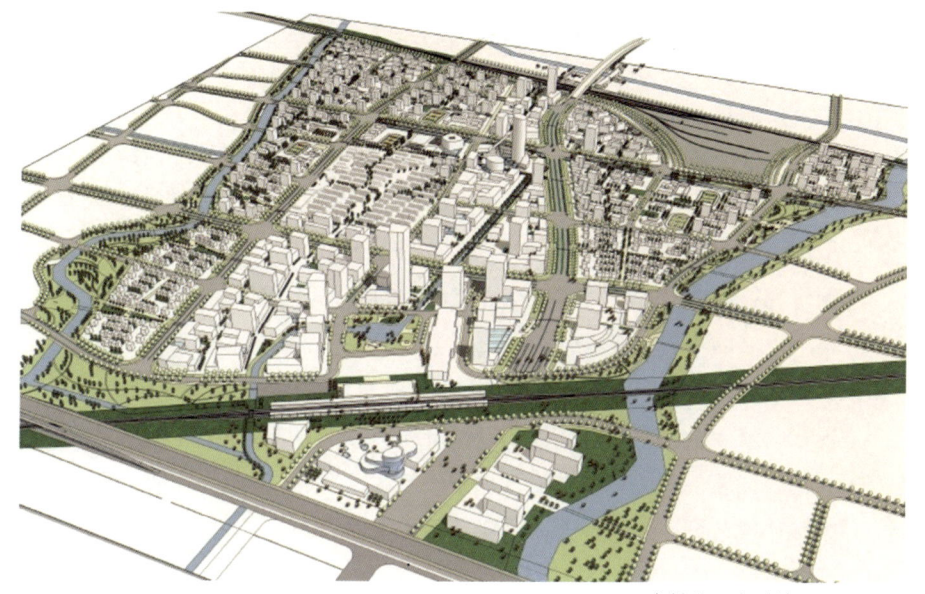

高铁片区鸟瞰效果图

　　四家国内外优秀的设计单位参加了方案征集,松江区非常重视这次规划招标,区委书记亲自参加了这次方案评审,会议邀请了上海市业内有名的规划、交通与经济方面的专家参与评审,为松江新一轮发展各抒己见,德国SBA公司方案以构建合理丰富的城市功能布局,营造特色城市风貌,打造美丽的城市轮廓线在这轮规划招标中胜出。

2010年松江总体规划编制与论证

这版规划充分借鉴德国柏林城重建等国际经验,在"上海松江新城南部区域概念规划""高铁片区核心区概念城市设计"两次国际方案征集的基础上,对总体城市设计进行深化完善。规划编制中增加了对2006版松江新城总体规划的评估,人口、交通等方面的专题研究;并针对东西两翼松江试点园区的发展现状特征提出了产城融合发展的策略,客观分析了松江工业区内企业的能级与产出、人口结构等特征,提出产业转型、规划研发设计、总部经济、服务外包、现代物流等生产服务性产业。以城市绿网、水网为基底,形成中心绿化公园城市广场相结合的开放空间系统,形成"两轴两心两区"的整体城市设计框架,塑造体现国际化特色的城市形象。提出重构区域格局,提升新城功能,聚焦高铁片区。

在2010年11月的专家征询意见会上,专家们各抒己见,夏丽卿专家提出需增加对并入新城总体规划的东西两翼工业区的现状评估和研究工作,强化内部公交体系和用地结构,理清新城规划界面,重点提升新城的服务功能。

叶梅唐专家指出需要重点处理好土地节约使用的要求,进一步转变经济增长方式,做好工业用地整合、本地就业和大型居住区的发展问题。

蒋宗健专家提出增加对产城融合中生产性服务用地的研究和梳理工作,争取在松江新城规划中对这个课题有所突破。

张式煜专家提出需要解决新城商业服务中心过于分散的问题,需要客观考虑高铁发展带来的机遇和挑战。

戴慎志教授提出加强对新城、老城、高铁片区的交通整合规划,避免可能的交通瓶颈问题。

敬东专家提出强化松江的旅游特色,预留考虑浦江未来发展的可行性研究。张尚武教授和朱浩专家都提出需要加强对新城与上海市中心城之间的快速交通体系的研究工作。

松江枢纽规划

2009年，一直处于规划状态的沪杭高铁启动建设，一年多后竣工并投入使用。松江南站选址于松江火车站南侧2公里处，高速铁路松江南站是上海市铁路枢纽"四主三辅"的次枢纽站。2010年10月沪杭铁路客运专线通车，成为沪杭高速铁路上的重要站点。随后地铁9号线终点站由松江新城站延伸至高铁松江南站，形成了松江的重要交通走廊，串联了松江大学城、松江新城、松江体育中心、松江火车站与高铁松江南站。

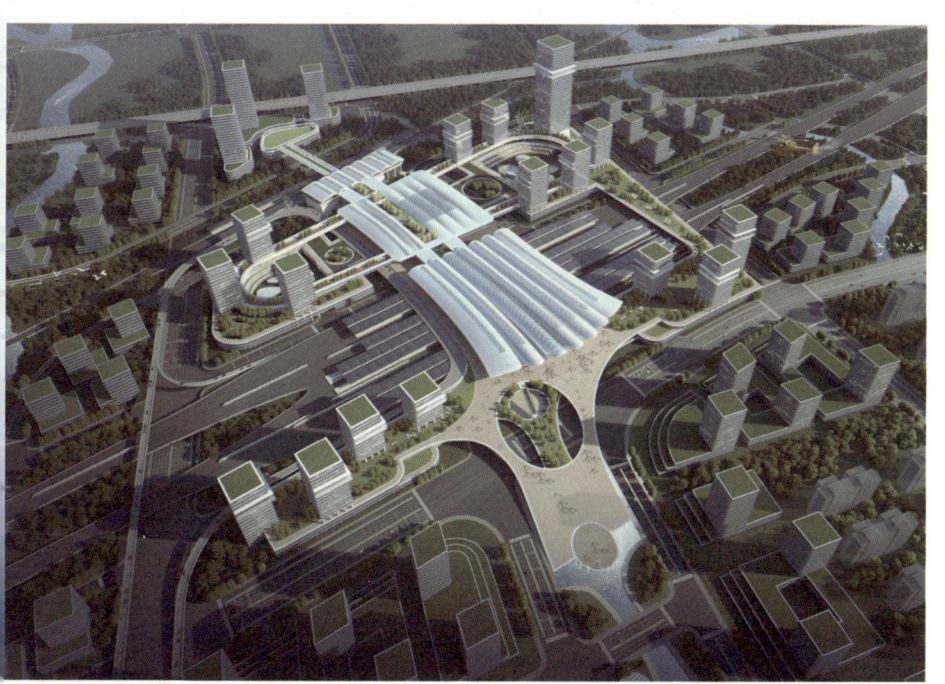

松江南站效果图

2013年后，松江城市规模不断扩大，既有的沪杭铁路造成的交通割据成为当地发展的制约因素，新规划中提出将沪杭普铁线路南移，和现有的沪杭高铁线并行在松江南站形成综合火车站，经过多轮论证，方案逐步得到多部门的认同。2017年下半年，沪苏湖铁路专项规划落地，松江线位成为首选，由湖州方向增设的铁路线经松江通往上海虹桥火车站，进而将松江南站功能得以扩展。在新一轮上海市总体规划（2016—2035）中将松江南站定位为上海铁路站点中的重要辅站，松江枢纽由此而产生，规划将现有的沪杭高铁、沪杭普铁、沪苏湖铁路等整合形成上海西南的重要交通枢纽。

松江南站效果图

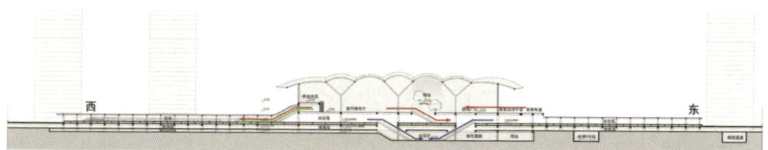

松江站横向剖面图示意图

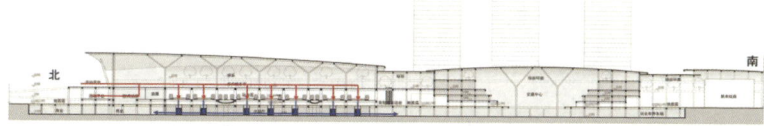

松江站纵向剖面图示意图

一座新城的成长：上海松江

走向松江新城

松江新城华亭湖（摄影：孙新峰）

思鲈园广场城市更新建设

2013年启动建设的思鲈园广场，位于中山西路西林路交叉口西南侧，是松江老城改造中的重要亮点工程。该项目融休闲绿地、公租房、民防工程与停车场地建设为一体，由国企新松江置业有限公司负责建设。地块原规划为文化设施用地，拟建造董其昌博物馆，因其处于松江老城区重要位置，周边情况复杂，基地内动迁工作推进困难。针对较多的问题与难点，为了加快旧城改造，政府将原文化设施用地调整为城市公共开放空间，文化设施用地另行选址，并增设地下公共停车场解决松江老城和中心医院的停车困难问题，将基地南侧地块中难以动迁的居民楼两幢保留进行改造，并新建三幢六层住宅楼，统一作为公租房基地。该项目的实施，增加了城市公共休闲绿地约1.3万平方米，新增停车位199个，公共租赁住房居住户数152户。

思鲈园广场（摄影：陈福）

项目结合建设实际,实施中解决了动迁难度较大、开放空间紧缺、公共停车位不足等问题,提升了松江老城重点地区的环境,改善了松江中心医院停车设施,取得了良好的社会效益。休闲绿地设计方案充分考虑松江历史文脉,体现松江元素和江南水乡风貌,改造后成为松江老城居民休闲娱乐的重要场所。

思鲈园广场(摄影:陈福)

一座新城的成长：上海松江

走向松江新城

松江晨曦（摄影：杨建峰）

广富林文化遗址

松江广富林古文化遗址位于松江新城西北部,2013年5月,被公布为第七批全国重点文物保护单位。广富林文化遗址经历了五次系统的考古挖掘,反映了4000多年前的广富林文化。早在1958年,当地的农民开掘河道时发现了大量的古代遗物,由此而发现了广富林古遗址。

规划面积约1.06平方公里,该区域在2001版松江新城规划图中已预留为遗址公园用地,2009年正式予以建设,2018年正式对外开放。

广富林文化遗址保护范围内以大面积绿化和生态用地为主；周边配套建设部分公共设施与旅游设施。遗存的水田展现松江农耕文化特色，布局考古博物馆、文化展示区、宗教展示区、民俗展示区、精品酒店区等区域。推崇传统历史文化的传承，园内建设了知也禅寺、三元宫、关帝庙、城隍庙等，展现中国传统古建筑的特色。位于核心区的广富林博物馆，通过再现生活场景，展示松江历史文化和"上海之根"的文化内涵。东部露出水面的文化展示区的坡顶大屋面建筑，阳光照耀下如同漂浮于湖面的金字塔。

广富林

一座新城的成长：上海松江

广富林

广富林

郊野单元规划

在中央提出"乡村振兴"战略以来，为进一步落实《上海市城市总体规划（2017—2035）》，上海市委市政府明确提出要强化规划引领，优化乡村布局形态，聚焦农民集中居住等重点问题，做好高质量的区级、镇级总体规划和村庄布局规划。

按照上海市2035总体规划的要求，全市构建"主城区—新城—新市镇—乡村"的城乡体系。强调乡村人与自然和谐居住功能，乡村地区为未来上海大都市区重要的功能体系，是大城市发展重要的生态空间和密不可分的重要组成部分。强调要加强村庄发展的分类引导，建设美丽乡村。

根据乡村规划推进的工作要求，上海市在2013年以来，分别开展了1.0版本、2.0版本、3.0版本的郊野单元规划，并实现全市乡村地区规划全覆盖。加强区级规划统筹，以指导农民集中居住、相对集中居住工作的开展。松江区在2019年年底，在1.0版本和2.0版本的基础上，实现3.0版本规划全覆盖工作，指导全区各镇乡村地区的规划工作。松江新浜镇郊野单元规划在2014年12月获批，是全市第一个获批的郊野单元规划，也是农村地区土地整治和超级减量化的重要项目。

郊野单元规划的编制，有助于对于上海农村地区摸清底数，并严格落实区总规和镇总规的要求，充分考虑街镇发展实际，综合平衡人地关系、城乡空间布局、市政控制廊道、生态敏感区、水源保护区、自然村落积聚等要素体系。松江各镇的规划成果汇总形成松江区村庄布点规划初步成果，规划方案初步形成城镇集中安置区、农村集中归并点、农村保留居住点体系的乡村布局体系。该规划在用地布局上实现法定程序上对乡村地区文旅项目的布局与发展，并适当预留长效发展的空间。

松江区现状农村居民点37.72平方公里，全区宅基地个数为4.6万个，其中城市开发边界外3.9万个。2016年年底，松江区共有宅基地37.72平方公里，其中城市开发边界内12.72平方公里，开发边界外25平方公里，开发边界外宅基地占全区总规模的66.7%。

村庄布局规划确立了"28E+31X+56Y"（E为城镇集中安置区，X为农村集中归并点，Y为保留居住点）的镇村体系：规划至2035年，推进约3.78万户农户进行集中居住，共拆除农村居民点用地29.78平方公里。

松江村庄布局规划图

走向2035的现代化新松江

上海市总体规划中的松江城

松江的发展,与上海市总体规划的定位密不可分,纵观四次上海市总体规划对郊区的定位,由于历史上与上海特殊的从属关系与区位优势,松江始终定位于重点发展的卫星城或新城。

上海市历次总体规划松江城建设目标概况

年 份	1959	1986	2000	2017
功能定位	郊区卫星城	轻工、机床等单一功能卫星城	相对独立的中等规模郊区新城	长三角节点城市
实际人口（万人）	4.86	6.9	10.6	80
规划总人口（万人）	20	25	30	110

1959 年总体规划

1959 年上海市总体规划中提出"逐步改造旧市区、严格控制近郊工业区、大力发展卫星城"的城市建设和发展的总方针；规划提出建设闵行、吴泾、嘉定、安亭、松江五个远郊卫星城；构建卫星城与市区既相对独立于市区又有机联系的城市格局。

1986 年总体规划

1986 年总体规划中提出，上海市总体布局是以中心城为主体，充实和发展吴淞、嘉定、安亭、松江、吴泾、闵行、金山卫等七个卫星城，使其成为各有特点的具有更大吸引力的社会主义现代化的新城。以 10 万～30 万人的规模进行规划建设。

上海城镇体系是由中心城、卫星城、县城、集镇等四个层次组成；提出有计划地建设郊县小城镇，吸引农民"离土不离乡"。使上海成为以中心城为主体，市郊城镇相对独立，中心城与市郊城镇有机联系，群体组合的现代化城市。

规划提出卫星城可以以某个行业为重点，相应发展为生产服务和生活服务的第三产业，提高卫星城的内聚力和吸引力，使其更好地发挥疏解中心城的作用。但由于卫星城缺乏产业支撑，在这个规划期内发展缓慢，松江卫星城并未得到较好的发展。

2000 年总体规划

上海市总体规划（2000—2020）中，提出"把上海建设成为经济繁荣、社会文明、环境优美的国际化大都市，国际经济、金融、贸易、航运中心之一"，提出进一步控制中心城规模，引导市中心人口和产业向郊区转移，推进郊区新城工业化、城市化、现代化进程。

一座新城的成长：上海松江

历次上海市总体规划

102

规划形成中心城、新城（县城）、中心镇、集镇的城镇体系结构，新城基本形成具有居住、产业、公共设施配套等综合功能的中等规模城市，作为上海郊区重要的组成部分。在这个规划期，松江新城作为"一城九镇"中重点建设的新城得以重点发展，由此掀开了松江新城迅速发展的篇章。

2017年总体规划

2017年12月15日，国务院批复了《上海城市总体规划（2017-2035）》，新总规全面贯彻党的十九大精神和中央城镇化工作会议，紧密对接"两个一百年"奋斗目标。规划到2035年，全面建成卓越的全球城市，令人向往的创新之城、人文之城、生态之城，具有世界影响力的社会主义现代化国际大都市。规划思路、理念和方法都有了很大转变和提升，坚持规划建设用地总规模负增长，牢牢守住人口规模、建设用地、生态环境、城市安全四条底线，实现内涵发展和弹性适应。也对松江区未来的发展提出了更高的要求和挑战。

城乡空间布局

突出优化城乡体系，形成"网络化、多中心、组团式、集约型"的空间结构。市域城乡体系形成"主城区—新城—新市镇—乡村"的市域城乡体系。

"重点建设嘉定、松江、青浦、奉贤、南汇等新城，培育成为在长三角城市群中具有辐射带动能力的综合性节点城市，按照大城市标准进行设施建设和服务配置，规划常住人口约385万人。"在这次总规编制中，松江新城是新城中城市人口规模最大的一个，成为五个重点建设的新城之一，按照大城市规模和标准进行规划建设。

各新城 2015 年人口及用地规模

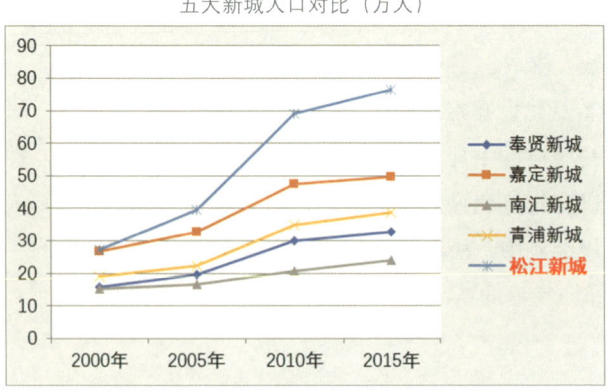

五大新城人口对比（万人）

发展规模

规划到 2035 年，上海市常住人口控制在 2500 万左右，建设用地总规模不超过 3200 平方公里。严守城镇开发边界，严控新增建设用地。坚持最严格的耕地保护制度，保护好永久基本农田。

对松江区发展的指引

对于松江区的指引与要求，在上海 2035 城市总体规划中有详细的篇章描述，规划对松江区未来的发展提出了更高的要求。

松江新城是沪杭廊道上的节点城市，以科教和创新为动力，以服务经济、战略性新兴产业和文化创意产业为支撑的现代化宜居城市，具有上海历史文化底蕴、自然山水特色的休闲旅游度假胜地和区域高等教育基地。

战略引导上

提出引导松江区建设成为上海面向沪杭方向的综合性服务地区、生产制造业和战略性新兴产业集聚区，国家级旅游度假区。

城乡体系构建上

提升松江新城对全区的辐射带动能力，全区形成"新城—新市镇—村庄"的城乡体系，提升九亭中心镇和佘山中心镇的带动力和影响力。

城镇圈建设上

松江新城引领的城镇圈，加强人口集聚，导入市级公共服务设施，提升产业科技创新能力，培育区域性就业和服务中心，构建城镇圈快速路系统。整合区内外资源，发展松江新城综合发展型城镇圈，九亭—泗泾—洞泾—新桥城镇圈，金山区枫泾、朱泾、亭林等综合发展型城镇圈，鼓励区内外城镇圈公共服务设施资源共享。

松江区总体规划的编制回顾

2017年这版规划是第一次多规合一背景下编制的区域规划,为松江未来一段时间空间规划与发展建设描绘了美好蓝图,是指导松江发展行动的纲领性文件。

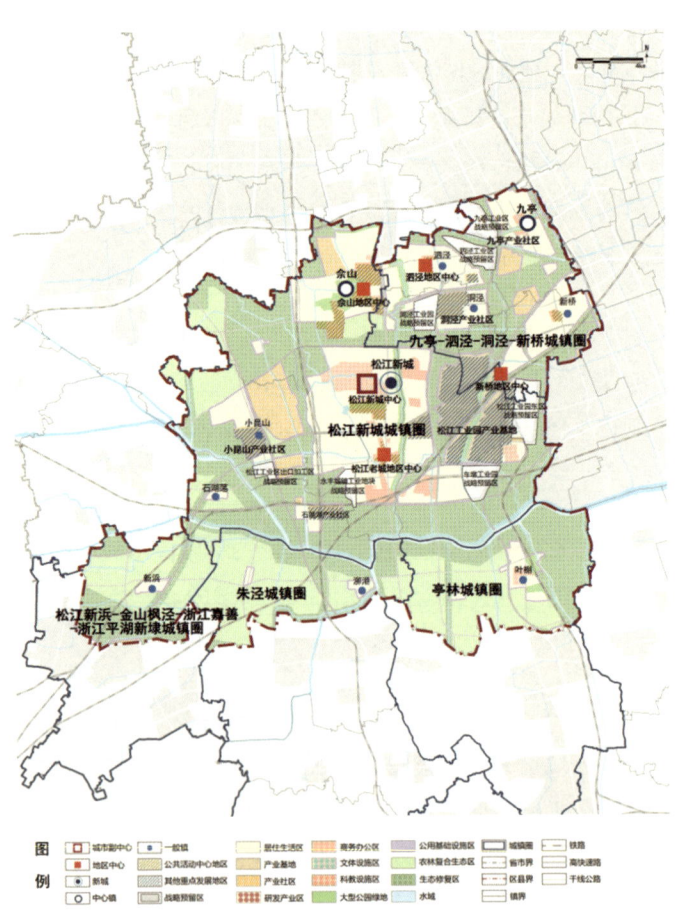

上海市城市总体规划松江区战略指引图

按照上海市总体规划编制的工作部署，2014年3月起松江区总规编制团队便着手新一轮总体规划的编制。五年来总规编制团队先后完成了松江区城乡总体规划的评估工作，六大专题研究（包括城市发展目标与规模、空间、产业、交通、生态环境和城市安全等），城市总体规划和土地利用总体规划、其他专项规划的编制，经过实施评估、多次部门征询意见、全面收集公众意见、区委审议、区人大审议、公示等阶段，集中了全社会方方面面的智慧与力量，在市区两级部门的多次论证和协调下，反复修改成果，在2018年下半年形成送审稿，上报市政府，直至2019年3月8日获得市政府批复通过。这是未来20年松江区发展的美好蓝图，而今已扬帆起航。

2017年《松江区总体规划暨土地利用总体规划》是松江1949年后编制的第三次区域规划，前期分别为2006年松江区区域总体规划实施方案，2010年松江新城总体规划修改和2010松江总体规划梳理。2017年这版规划是第一次多规合一背景下编制的区域规划，为松江未来一段时间空间规划与发展建设描绘了美好蓝图，是指导松江发展行动的纲领性文件。

松江区区域总体规划实施方案（2006—2020）

2006年规划是在上海市总规（2000—2020）上位规划框架下编制。在松江新城建设的初期，这个特殊的历史阶段为地铁9号线沿线九亭镇、泗泾镇、松江新城的发展探索了拓展方向与发展规模。该规划中提出松江区区域性质是"上海经济发展的重要基地、上海参与全球竞争的先进制造业基地、'产学研'一体的综合教育基地、功能集聚的现代休闲旅游基地、都市型农业发展基地，是实力较强、功能完善、环境优美、社会和谐、生活富裕、与上海国际大都市相匹配的社会主义现代化新郊区"。

松江区区域总体规划实施方案

城市规模

规划至 2010 年，松江区区域常住人口约 100 万，城市化水平约 80%；2020 年，松江区区域常住人口约 140 万，城市化水平约 93%。城镇建设用地规模约 135 平方公里。

空间布局

构筑"一城（组团式松江新城）、二翼（东翼工业园片区、西翼科技园片区）、三片（东北部经济密集片区、西北部旅游度假片区和南部现代农业片区）"的区域空间结构框架。

在这版区域规划中提出，松江新城采用集聚—扩散型组团布局模式，松江新城由新城主城和沿轨道交通 9 号线发展的泗泾组团、九亭组团组成。规划松江新城城镇建设用地面积为 91.2 平方公里。其中松江新城主城规划城镇人口 60 万，城镇建设用地面积为 60 平方公里；九亭组团城镇人口 14 万人，城镇建设用地规模为 12 平方

松江区区域总体规划

公里;泗泾组团城镇人口 20 万人,城镇建设用地规模为 20.2 平方公里。

松江新城主城

总体规划范围:东到沪松公路,南到沪杭铁路,西到油墩港,北到辰花公路,规划范围面积 62.9 平方公里。

城镇体系

城镇体系布局上依据市域"1966"城乡规划体系,松江区形成"新城、新市镇和中心村"构成的城乡体系。

在近期建设上,体现上海郊区综合实力与水平、体现优越居住环境和完善城市功能的现代化组团式松江新城框架。松江新城主城建设上凸显松江新城"一城两貌"的城市特色。规划 2010 年松江新城主城城镇人口约 40 万,城镇建设用地约 45 平方公里。

松江区城乡总体规划（2010年梳理版）

2010年松江区总规梳理版是基于两规合一的总体规划，即城市总体规划和土地利用总体规划融合的版本，是上海规划和土地融合发展后的一项创举，突出显示了城市规划对未来发展的美好和土地管理的刚性管控。松江区土地利用规划于2012年经市政府批准通过。

城市性质

松江区是上海辐射、服务长三角地区的西部综合性门户节点区

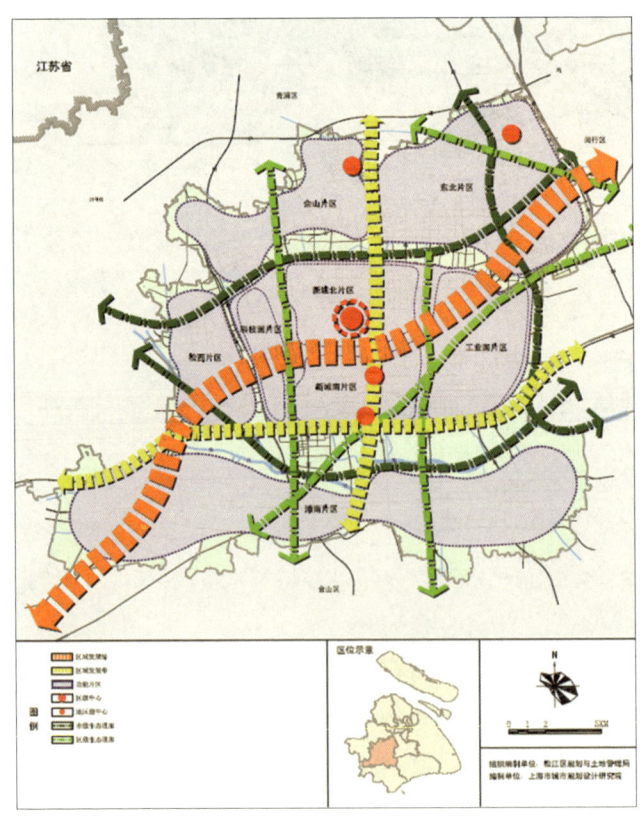

松江区城乡总体规划（2010年梳理版）空间布局规划图

域,是长三角地区重要的休闲度假旅游胜地和高等教育基地,是上海建设国际经济中心的重要组成部分和国际贸易中心的重要功能拓展区,是与上海国际化大都市相匹配的社会主义现代化新郊区。

发展规模

在人口规模上:根据"六普"数据,松江区 2010 年现状常住人口 158.24 万人,其中户籍人口 57.18 万人,外来常住人口 93.74 万人。规划到 2020 年,区域人口规模为 230 万人。

在用地规模上:松江区总面积 604.6 平方公里,松江区在 2009

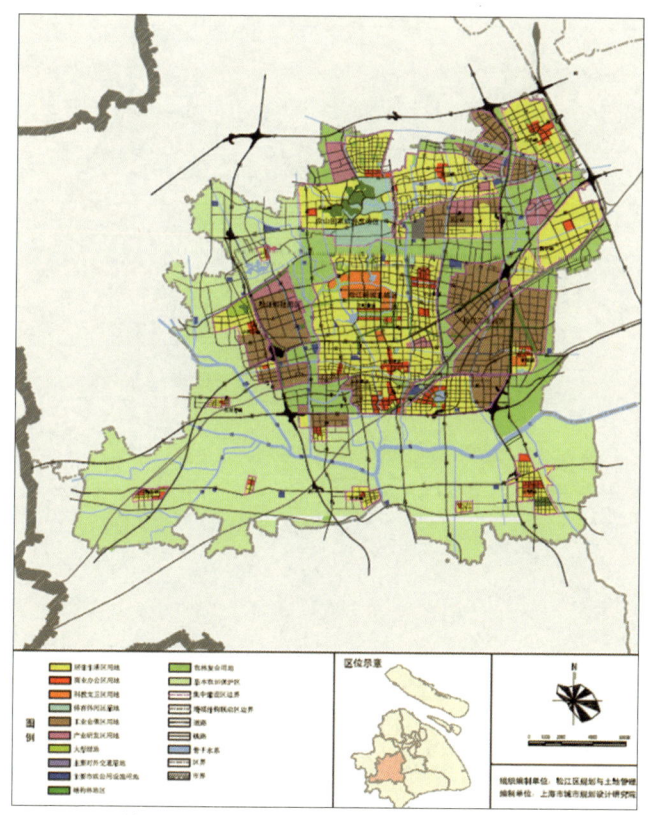

松江区城乡总体规划(2010 年梳理版)土地使用规划图

年现状建设用地 258.3 平方公里,其中城镇建设用地 218.8 平方公里,农村居民点用地 39.5 平方公里。到 2020 年,规划建设用地 290.3 平方公里,其中城镇建设用地 282.5 平方公里,农村居民点用地 7.8 平方公里。

集中建设区

这版规划中提出了集中建设区的概念,将城市发展的区域锁定在集中建设区内,规划集中建设区 238.9 平方公里。其中集中建设区内现状城镇建设用地 149.3 平方公里,集中建设区内规划城镇建

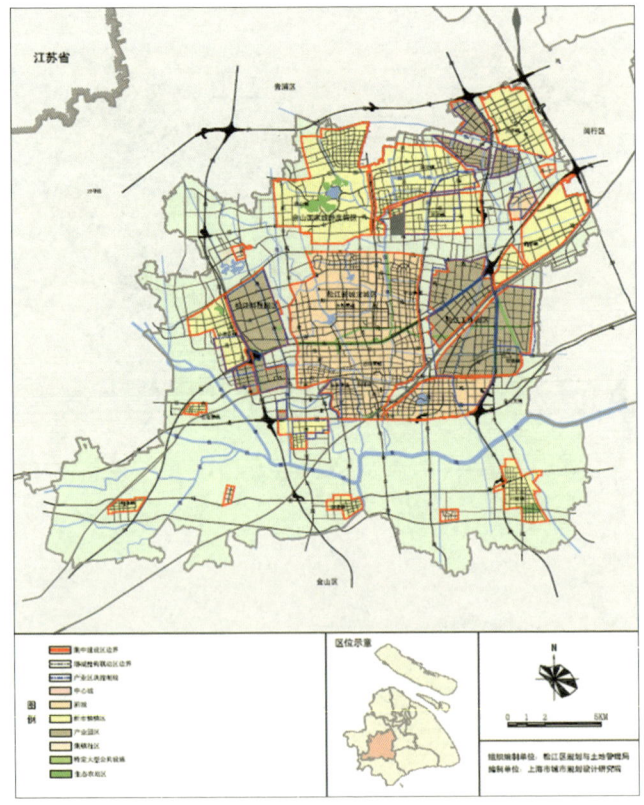

松江区城乡总体规划(2010 年梳理版)集中建设区范围图

设用地222.3平方公里（不含结构林地2.6平方公里），规划新增城镇建设用地73.0平方公里。集中建设区主要布局在松江区的中部与北部，包括位于上海市近郊区域的九亭镇、新桥镇、泗泾镇、洞泾镇、松江新城（含东西两个工业园区）、其他建制镇镇区以及部分独立的城市建设用地，包括独立型城镇社区、佘山国际旅游度假区、大型居住社区等。集中建设区划定后，工业用地布局呈现了104、195、198工业园区的布局特征。

松江区非建设用地约为314.2平方公里，占总用地的52%。其中骨干水系约32.8平方公里；农林复合用地约为165.3平方公里，主要位于"四纵两横"的生态网络空间格局，用于保障城镇的生态环境和生活品质；基本农田集中区约为113.5平方公里，以农田为主集中布局于松江区的南部和西北部地区。

规划结构

这版规划将松江全区布局形成"一轴、两带、八片、五心"的布局结构。规划8个功能片区，包括松江新城南片区、新城北片区、工业园区、科技园区、东北片区、佘山片区、松西片区、浦南片区。松江新城由新城南片区、新城北片区、工业园区、科技园区四个片区组成。

松江新城

2010年松江新城总规中，扩展了松江新城的规划范围，跳出了2006年松江新城主城的概念，将九亭和泗泾组团独立出去，提出了产城融合的概念，将东西两翼的工业区纳入松江新城范围，突出松江是具有历史文化底蕴和自然山水特色的城市特色，凸显松江府城风貌区、仓城风貌区、泰晤士小镇、松江大学城、车墩上海影视文化基地等特色区域特征。

新城的规划范围为：包括方松街道、中山街道、永丰街道、岳阳街道、松江工业区、车墩镇与石湖荡镇申嘉湖高速公路以北地区。东至区界——铁路金山支线，南至申嘉湖高速（S32），西至绕城高速（G1503），北至辰花路——卖新公路，总面积约158.4平方公里。

城市性质为：是长三角地区重要的节点城市之一，是上海市西南部重要的门户枢纽，是体现上海郊区综合实力与水平、具有上海历史文化底蕴和自然山水特色的现代化宜居新城。

规模为：规划人口110万人，城镇建设用地120平方公里。

走向 2035 的现代化新松江

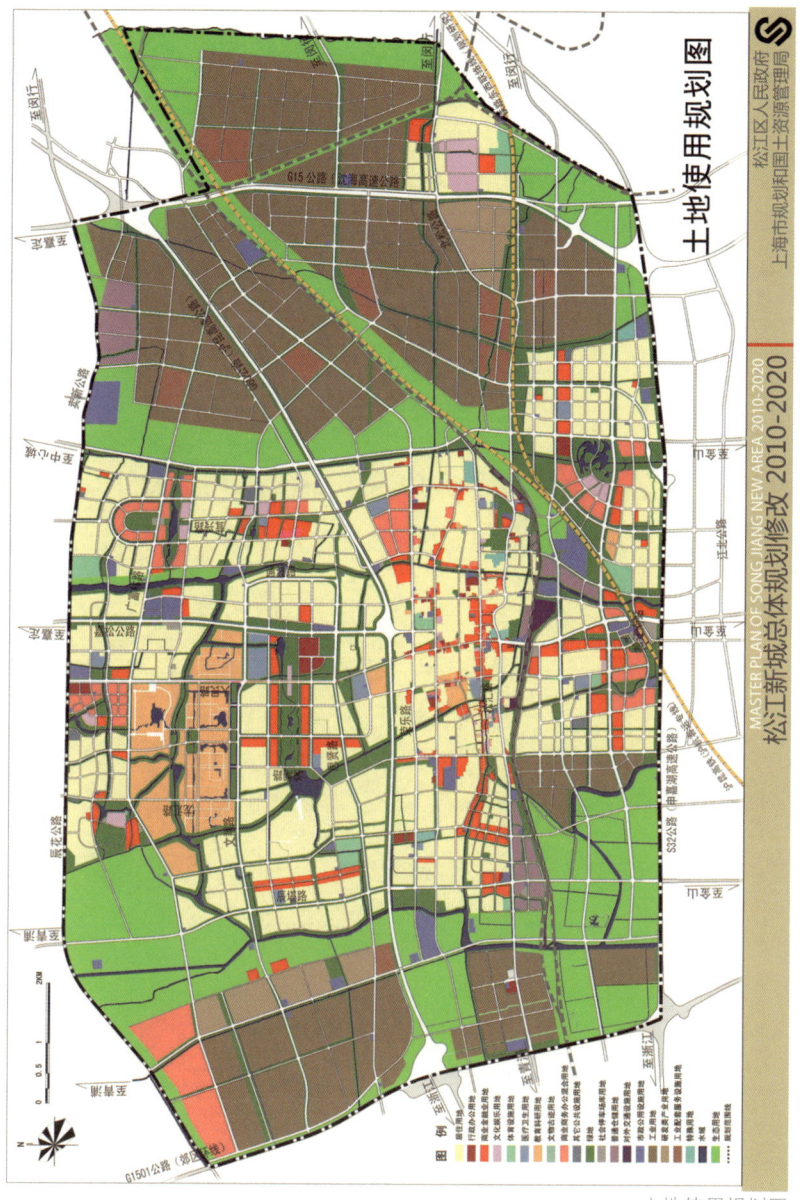

土地使用规划图

松江区总体规划暨土地利用总体规划（2017—2035）

"上海2035"提出要将上海建成卓越的全球城市，具有世界影响力的社会主义现代化国际大都市。强化资源节约集约利用，强调底线约束、内涵发展和弹性适应。

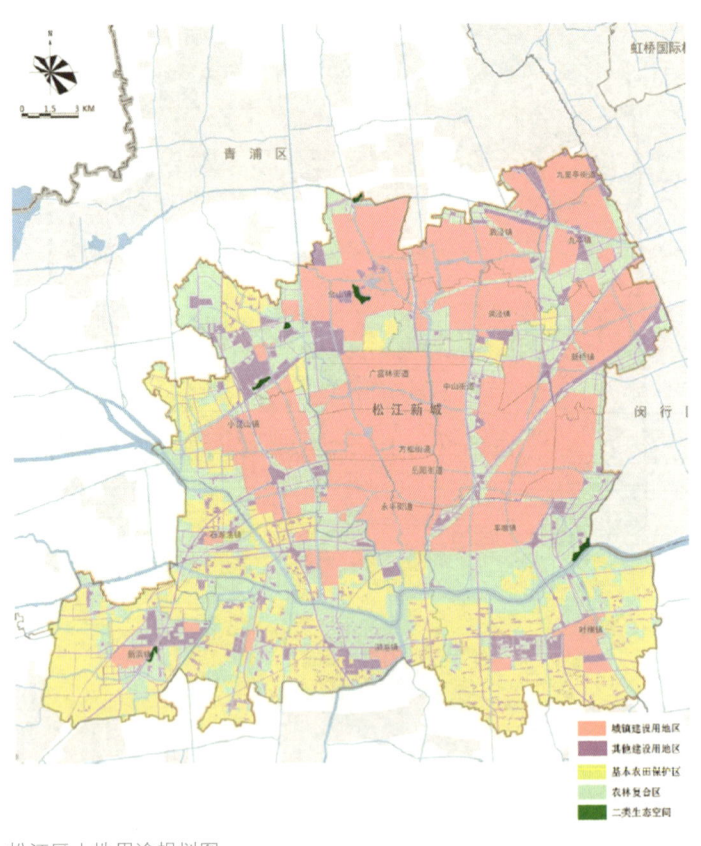

松江区土地用途规划图

规划背景

党的十九大会议后，中国特色社会主义进入新时代，经济已由高速增长阶段转向高质量发展阶段，推动长三角区域一体化发展已经上升为国家战略，进一步发挥上海中心城市作用，推进多个都市圈同城化发展，推动长三角城市群成为最具经济活力的资源配置中心、具有全球影响力的科技创新高地和亚太地区重要国际门户。

"上海2035"提出要将上海建成卓越的全球城市，具有世界影响力的社会主义现代化国际大都市。强化资源节约集约利用，强调底线约束、内涵发展和弹性适应。

在新的历史背景下，在G60发展轴上的松江面临转型发展的压力，加快产业转型升级和新旧动能转换，进一步提升城市综合实力和影响力。

松江2035规划的主要特点

作为曾经上海郊区的"工业重镇"，松江经济发展平稳，产业结构面临转型升级与突破点，积极加大区域统筹，补短板，改民生，重点推进G60科创走廊、国家新型城镇化综合试点和旅游产业发展三大举措。未来松江以相对综合性、独立性的长三角综合性节点城市的"新定位"，参与上海进一步提升城市综合实力和影响力，步入全球发展与竞争中。

这一轮新总规的主要特点是在上海建设卓越全球城市和长三角一体化发展的背景下，围绕创新驱动、转型发展、高质量利用土地，落实十五分钟社区生活圈布局要求，实现建设"科创、人文、生态"的现代化新松江，锚固城市发展中的四条底线。

一座新城的成长：上海松江

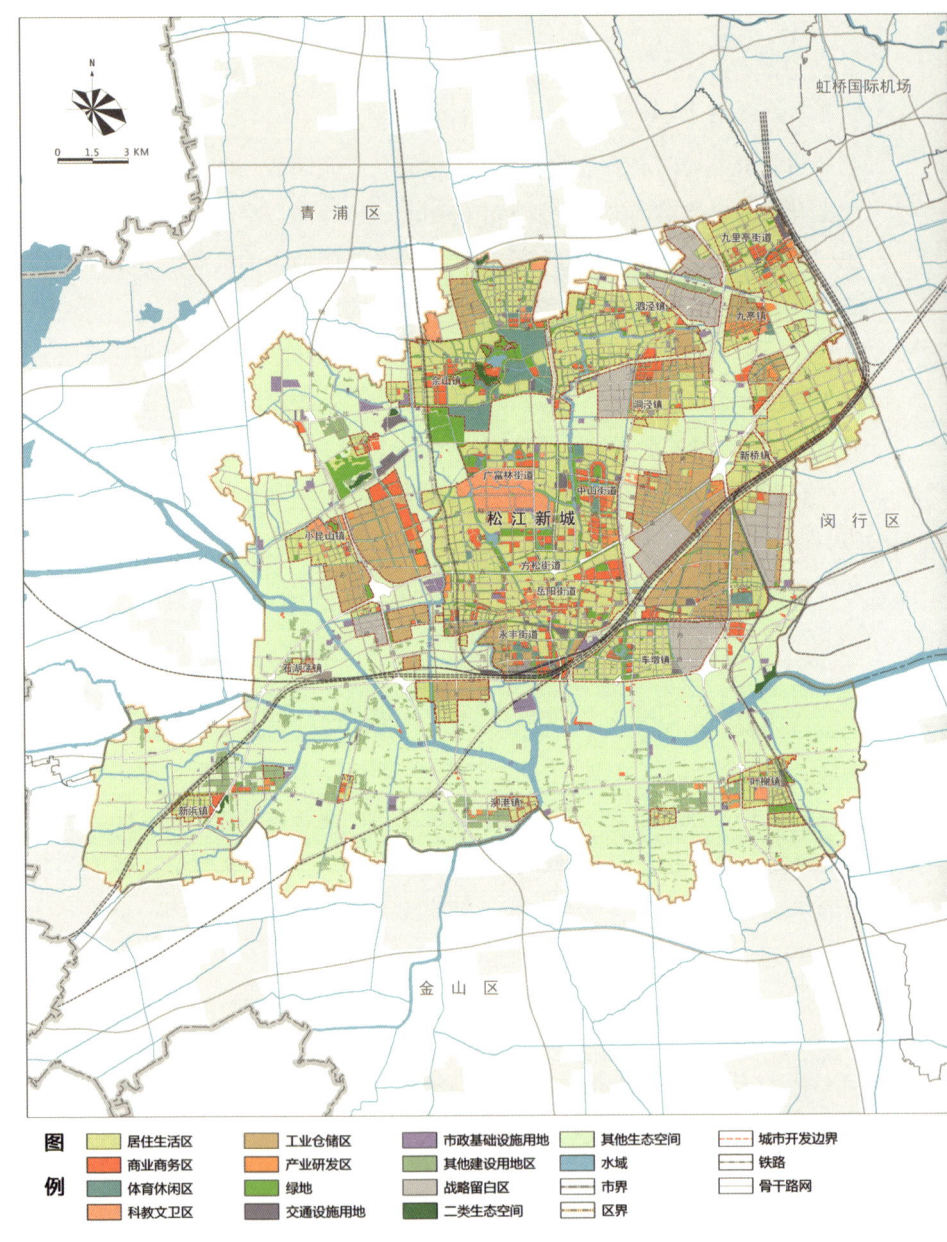

松江 2035 城市总体规划图

严控人口规模

松江区2015年现状人口176万人，按照上海市总规的要求松江区至2035年常住人口控制在180万以内，区域服务人口35万人（主要包括通勤人口、外来就业人口和旅游人口），总计215万人。

2035年松江区人口分解方案　　　　　单位：万人

片区	镇乡/街道	2016年现状人口	松江新城总规修改（2011年）		180万人口分配方案		215万人口分配方案
松江新城	永丰街道	9.8	110.0	110.0	14.5	74.7	15.0
	岳阳街道	9.8			6.0		10.0
	中山街道	11.1			15.0		17.7
	方松街道	18.6			9.0		12.0
	广富林街道				9.7		13.0
	车墩镇	30.8			20.5		22.0
东北片区	新桥镇	15.3	15.0	74.0	13.0	66.7	15.0
	洞泾镇	6.7	10.0		8.5		9.5
	九亭镇	28.7	25.0		16.0		16.0
	九里亭街道				9.7		9.7
	泗泾镇	13.3	24.0		19.5		23.5
西北片区	佘山镇	7.5	20.0	25.0	17.8	23.8	21.0
	小昆山镇	5.6	5.0		6.0		7.8
浦南片区	石湖荡镇	4.6	5.0	21.0	3.8	14.8	5.5
	泖港镇	3.9	3.0		3.5		4.9
	新浜镇	3.3					3.0
	叶榭镇	7.4	10.0		4.5		9.4
	合计	176.5	230.0		180.0		215.0

锁定建设用地总规模

2015 年底松江区建设用地规模为 290.1 平方公里，至 2035 年松江全区建设用地总规模将控制在 286.2 平方公里内，净减少 3.9 平方公里。规划城市开发边界外建设用地至 2035 年累计净减量化规模达到 36.3 平方公里，开发边界内用地面积为 233 平方公里。开发边界外严格限制除市政、交通基础设施以外的其他用地建设。

2035 年松江区各街镇建设用地规模调控目标　　　　单位：平方公里

镇乡/街道	总面积	现状建设用地面积	上一轮土地利用总体规划目标（2020年）	2035年规划建设用地面积规模
方松街道	14.8	13.8	27.6	14.0
广富林街道	19.0	13.0		14.6
中山街道	40.7	33.3	33.6	32.4
岳阳街道	5.7	5.5	5.5	5.6
永丰街道	24.5	13.9	16.2	15.7
九亭镇	24.5	20.1	22.7	15.3
九里亭街道	6.8	6.5		6.5
泗泾镇	23.9	18.5	19.3	17.9
洞泾镇	24.5	14.7	16.4	14.6
新桥镇	35.9	26.4	24.5	22.9
车墩镇	50.4	22.7	25.3	24.4
佘山镇	67.0	33.5	35.0	35.4
小昆山镇	47.9	19.8	24.7	22.0
石湖荡镇	44.3	12.0	9.4	9.7
新浜镇	44.8	10.5	7.3	7.3
泖港镇	57.6	11.5	8.5	8.5
叶榭镇	72.5	15.1	13.0	12.4
机动指标	0.0	0.0	0.0	7.0
合计	604.6	290.7	289.0	286.2

落实"新三线"划定，建设用地实现负增长

区域规划中提出负增长的概念，即为在建设用地减量化的背景下发展，拆除低效用地，高质量地利用土地资源，实现更高层面的发展。严格守住人口规模、土地资源、生态环境、城市安全底线；需要牢牢守住"新三线"，包括城市开发边界、永久基本农田、生态保护红线。

（1）城市开发边界线。城市开发边界是城市建成区扩展的极限范围，包括了已建区和远景年拟拓展的建设用地范围，是在总量锁定前提下集中城镇建设区形态变化的最大边界和"天花板"。松江区规划城市开发边界范围面积控制在233平方公里以内。城市开发边界内强化城镇建设集中布局引导，推行集约紧凑式发展，规划城市开发边界内建设用地规模达到全区规划建设用地总规模的75%以上。城市开发边界外建设用地至2035年减量化规模约为32.7平方公里。

（2）永久基本农田保护线。至2020年，永久基本农田保护任务不低于22.38万亩，耕地保有量不低于15.9万亩，其中规划城市周边基本农田共9.8万亩，占全域基本农田保护任务的44%。将永久基本农田控制线纳入三类生态空间，并作为限制建设区予以管控。

（3）生态保护红线。至2035年，松江区生态空间面积应控制在325.6平方公里以上。其中，二类生态空间面积为1.1平方公里（包括黄浦江上游一级水源保护区、东佘山、机山、横山、北竿山等）。三类生态空间总面积不小于317.1平方公里，四类生态空间总面积不小于7.4平方公里。至2035年，森林覆盖率不低于25%，人均公园绿地面积不低于15平方米。

保障城市安全运行

规划中按照绿色低碳理念规划城市基础设施。规划综合交通"四网融合",鼓励绿色出行,完善公共交通体系,形成多类型的城市综合交通系统。保障城市基础设施正常运行,开展地下综合管廊建设,科学规划布局消防站等市政基础设施,确保城市生命线稳定运行,加强城市安全风险防范,保障城市安全运行。

近期至2020年,松江区依托"科创驱动",引领G60科创走廊发展,打造辐射长三角的先进制造业高地。远期至2035年,基本建成"科创、人文、生态"的现代化新松江。坚持高质量发展,将"松江制造"走向"松江创造",建设上海具有全球影响力科技创新中心的重要承载区和产城融合、生态宜居的现代化新区。

从城市性质上,松江要建设上海卓越全球城市的西南门户,是上海科创中心的重要承载区、辐射长三角的先进制造业高地,中华优秀传统文化的重要传承地和具有自然山水特色的宜居之地。

松江区城市发展核心指标体系

指标类别	序号	指标项	单位	类型	基准年（2016年）	2035年
发展规模	1	常住人口规模	万人	预期性	176.5	180.0
	2	建设用地总规模	平方公里	约束性	290.7	286.2
	3	永久基本农田保护任务	万亩	约束性	22.38	22.38（2020年）
	4	耕地保有量	万亩	约束性	25.93	15.9
空间分区管制	5	生态空间面积	平方公里	约束性	—	≥325.6
	6	城市开发边界面积	平方公里	约束性	231.3	232.7
	7	城市开发边界内新增建设用地面积	平方公里	约束性	28.3	29.5
	8	新增建设用地占耕地面积	万亩	约束性	—	4.6
	9	战略预留区规模	平方公里	约束性	—	20.6
土地使用	10	人均城镇建设用地规模	平方米/人	预期性	173.1	154.6
	11	单位建设用地的地区生产总值（GDP）	亿元/平方公里	预期性	5.6	25.0
	12	职住平衡指数	—	预期性	—	整合提升型≥73；综合发展≥115
生态环境	13	河湖水面率	%	约束性	6.9	9.28
	14	森林覆盖率	%	约束性	15.6	≥25.0
	15	水环境功能区达标率	%	约束性	24.9	100
综合交通	16	公共交通占全方式出行比例	%	预期性	19.0	30.0
	17	轨道交通（含局域线）站点600米常住人口覆盖率	%	预期性	9.0	全区≥50；新城≥65
	18	建设用地范围全路网密度（城市开发边界内）	公里/平方公里	约束性	4.3	全区6.5；新城不低于8.0
	19	绿色交通出行比例	%	预期性	—	≥85
产业发展	20	全社会研究与试验发展经费支出（R&D）占地区生产总值的比例	%	预期性	—	≥6.5
	21	生产性服务业增加值占地区生产总值比重	%	预期性	—	40.0
住房和公共服务设施	22	新增城镇住房套数	万套	预期性	—	22.8
	23	新增中小套型住房比重	%	约束性	—	≥70
	24	新增住房中政府及机构持有的租赁型住房比重	%	约束性	—	≥15
	25	社会综合服务设施（养老、文化、体育、医疗设施）15分钟步行可达率	%	约束性	58.0	100
土地整治和农用地保护	26	土地整治补充耕地面积	万亩	约束性	—	4.6
	27	现状建设用地减量化面积	平方公里	预期性	—	52.7
历史保护和总体城市设计	28	公共开放空间（400平方米以上的绿地和广场）5分钟步行可达率	%	约束性	60.0	100
	29	历史文化风貌区面积	平方公里	约束性	1.1	2.8
	30	生态、生活岸线占比	%	约束性	50.0	80.0
	31	骨干绿道总长度	公里	约束性	12.0	150.0
	32	人均公园绿地面积	平方米	约束性	6.4	≥15.0
市政公用设施	33	应急避难场所人均避难面积	平方米/人	约束性	0.8	3.0
	34	原生垃圾填埋率	%	约束性	20.0	0
	35	城镇污水处理率	%	约束性	90.0	100
	36	生活垃圾无害化处理率	%	约束性	90.0	100

未来松江城市发展的目标愿景

立足现状，展望2035，圆梦2050，紧紧围绕创新驱动发展、经济转型升级，建设"科创、人文、生态"现代化新松江。

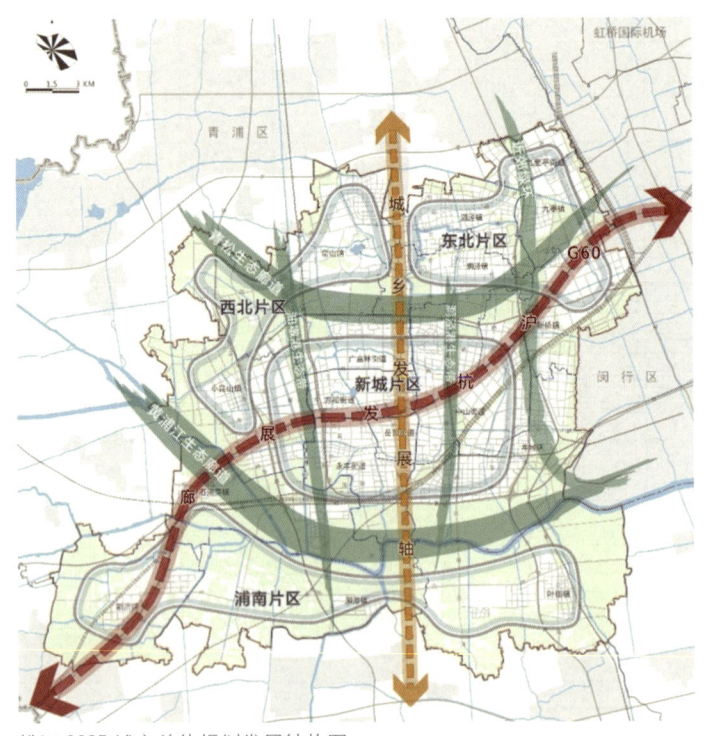

松江2035城市总体规划发展结构图

构建分级城乡体系

在松江区城乡空间体系上,落实全市"网络化、多中心、组团式、集约型"的空间结构,以交通走廊、黄浦江和青松生态廊道等划分区域空间格局,全区形成"一廊一轴、五带四片"的空间结构。以 G60 科创走廊联动长三角一体化发展,以嘉松发展轴串联上海市西郊新城的互通发展,并形成松江区内包括东北部经济发展密集区、西北部旅游度假区、浦南绿色发展实践区等特征清晰的几大功能特色板块区。

全区形成"新城—中心镇——般镇—集镇—村庄"的城乡体系。这轮总规中提出松江新城按照大城市标准进行设施建设和服务配置。

新城

松江新城是《上海市城市总体规划(2017—2035)》中重点建设的五大新城之一,将培育成为长三角城市群中具有辐射带动能力的综合性节点城市,是上海在沪杭廊道上的西南门户,是松江区的政治、经济、文化中心,是以科教和创新为动力,以战略性新兴产业、服务经济和文化创意产业为支撑的现代化宜居城市,具有上海历史文化底蕴、自然山水特色的休闲旅游度假胜地和区域高等教育基地,规划人口约 75 万人。

中心镇

包括佘山镇和九亭镇。佘山,规划人口规模为 17.8 万人,佘山镇区将围绕佘山旅游度假区建设,重点培育旅游配套服务、会议会展、文化体育等主要功能,兼顾松江西北片区居民的公共服务功能。

九亭,规划人口规模为 16 万人,九亭镇区将结合"九科绿洲"发展,加快工业用地转型、综合环境提升、重点增补高等级文体医疗设施和绿地,建设松江东北片区的服务中心。

一般镇

包括泗泾、新桥、洞泾、小昆山、石湖荡、新浜、泖港、叶榭、九里亭街道。人口规模上，泗泾镇规划人口规模为23万人，其余街镇规划人口规模为3万~13万人。

乡村地区

松江区全区自然村1601个，行政村86个。乡村地区规划以改善农村居住环境、保护传统乡村风貌、推动乡村振兴为目标。在村庄布局上按照"保护、保留、撤并"三类方式，对乡村地区进行分类指引。至2035年，乡村地区规划保留保护行政村约52个，撤并行政村约34个，规划保留自然村约441个，其他自然村根据村庄布局规划进行逐步归并。

交通系统

松江区定位为长三角重要节点城市，在长三角区域一体化发展趋势下，强化对外交通系统，在铁路系统、航运体系、道路交通系统、公共交通等方面重点规划，全面提升松江区对外交通系统的能级和服务水平。

规划布局沪昆高铁、沪昆铁路、沪苏湖铁路、沪杭城际等四条国铁线路，在现沪杭高铁松江南站周边形成交通枢纽，打造松江南站综合交通枢纽。完善航道等级，利用主干航道提升水路货运比例，规划全区形成四处内河港区。构建以轨道交通为主的公共交通骨干网络，在松江区范围内构建由市域线、市区线和局域线构成的轨道交通系统。至2035年，松江新城内轨道交通（含局域线）站点600米常住人口覆盖率达到65%、岗位覆盖率达60%。

全区形成 6 条高速路、4 条快速路、14 条主要公路和 23 条次要公路组成的区域骨干路网。按照"小街坊、密路网"的城市道路布局理念，松江新城内干路网密度由约 1.6 公里／平方公里提升约 2.5 公里／平方公里，增加跨越铁路、高速公路等的支路通道，增强地区交通微循环系统。规划全区路网密度达到 6.5 公里／平方公里（城市开发边界内），新城城市开发边界内路网密度不低于 8.0 公里／平方公里。

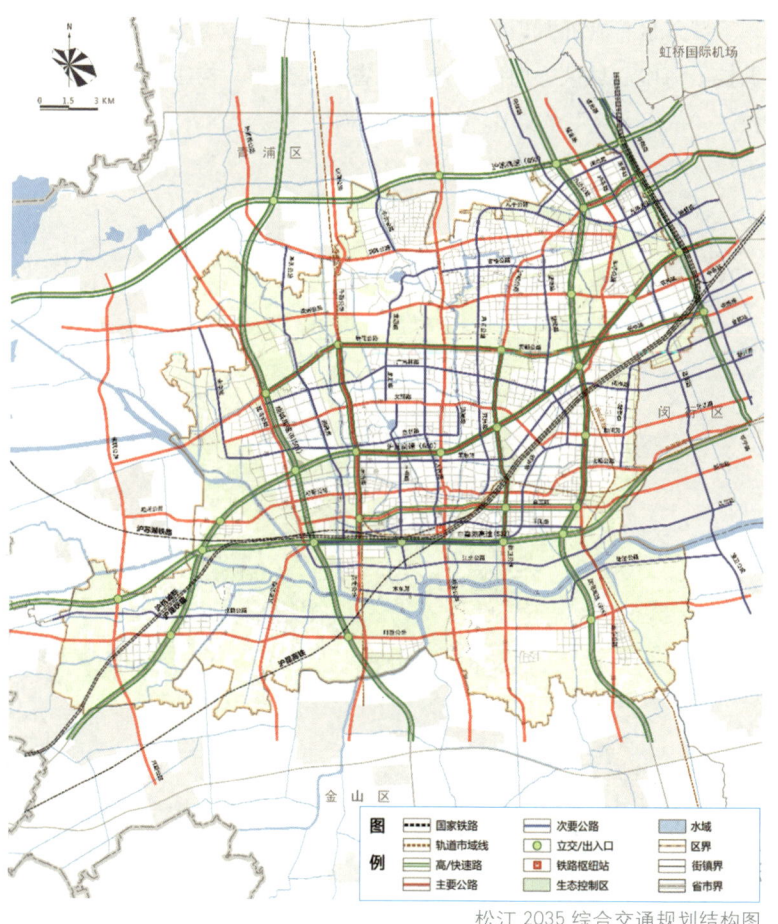

松江 2035 综合交通规划结构图

产业空间布局

基于松江现有产业分布特征,松江区工业用地面积共 88 平方公里,占松江区城市建设用地总面积的 35.2%。开发边界内工业用地面积为 56.49 平方公里(104 产业用地面积为 41.45 平方公里,195 工业用地面积为 15.04 平方公里),位于开发边界外的工业用地(198 工业用地)面积为 31.51 平方公里。

松江区产业布局以沪昆高速公路 G60 松江段为发展轴线,向东承接上海中心城区,向西对接浙江省和安徽省,构建 G60 科创走廊松江"一廊九区"的产业空间布局结构。

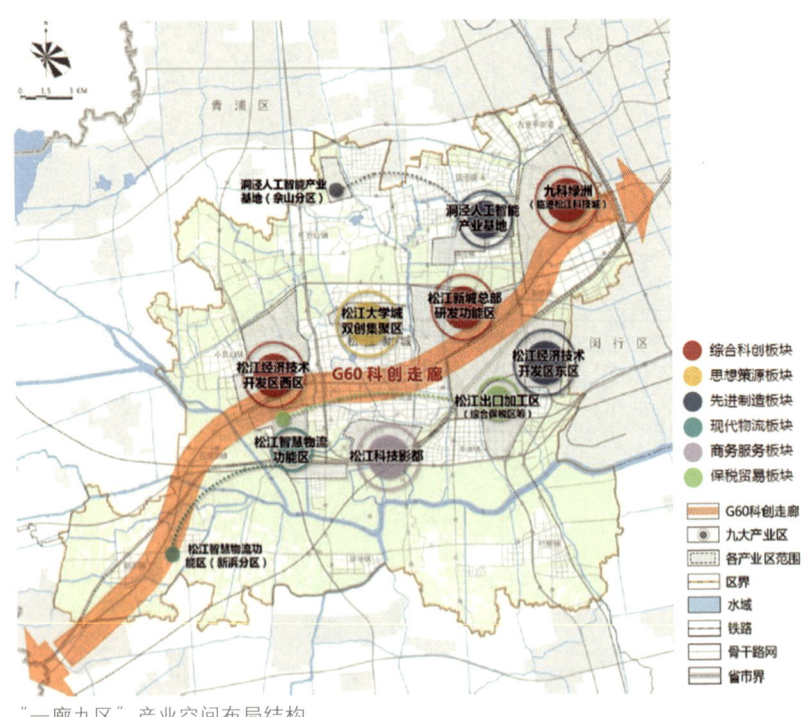

"一廊九区"产业空间布局结构

一廊，即以 G60 松江段为发展轴，串联松江区各主要产业区块。

九区，即以九科绿洲、松江新城总部研发功能区、松江经济技术开发区西区等三大综合科创板块，以洞泾人工智能产业基地、松江科技影都、松江经济技术开发区东区、松江出口加工区、松江智慧物流功能区、松江大学城双创集聚区等六大专业板块，共同组成九个创新产业片区。

展望 2035

60 年来，上海市总体规划对松江城市定位不断提升，松江的发展由郊区卫星城—单一功能的新城—相对独立功能的新城—综合功能新城和长三角节点城市迅速蜕变，由 5 万人的小城发展到人口规模限定在 80 万人的城市。历次区级总规对松江区域布局和城乡体系构建起到重要的指引作用，松江新城在松江府城和郊区小县城的基础上发展而来，新城布局由组团式发展、独立发展、产城融合发展向城市功能和品质全面提升变化，全区用地布局由粗放式的拓张转换为提升品质、减量化发展。面向新一轮 2035 总体规划，在新的历史背景下，长三角一体化发展中，松江城市能级将不断得到提升，在存量中谈发展，推行减量化计划，高质量利用土地资源，保护生态环境，守住城市发展底线，在严格的四线管控下积极推进乡村振兴战略，立足现状，展望 2035，圆梦 2050，紧紧围绕创新驱动发展、经济转型升级，建设"科创、人文、生态"现代化新松江。

走进府城风貌区

探索松江府城

松江城,是一座具有传奇色彩、博古通今的城市。无论是府城里俊秀的方塔,还是仓城里的古石桥,或是那些望族深宅、古典园林,都是这座城的无限风情。

方 塔

松江城地处浦江之首,独特的区位优势,注定了历史上这是个兵家必争之地。据史书记载,明朝时期,松江府经济达到前所未有的繁荣,有"东南第一大都会"之美誉,也是中华大地上重要的36个城市之一,时称"苏松财赋半天下"和"松江之布,衣被天下"。经济高度繁荣,当时松江已经形成了"东到华阳(桥)西跨塘(桥)"的十里街市。

1843年上海开埠,上海市各租界地迅速扩张,上海成为远东的第一大城市。随着经济中心的转移、交通方式的变革等因素,松江府地位被取代,繁荣程度逐步下降。

抗日战争爆发后,松江城遭日军轰炸,旧城几成废墟。而城西的仓城,幸免被毁之灾,商业与水运依旧繁荣不减,数百米长的秀野滩一直是松江水产、瓜果、蔬菜的集散地。

1949年后,松江历史文化古迹一直在松江城总体规划编制中得以重视。

1958年第一版松江总体规划中提出保护醉白池、方塔、西林塔等古迹,保持松江千年古城风貌特色。

1982年松江总体规划中提出划定松江城内的文物古迹保护区与周边建筑的控制要求:提出三个重要区域——方塔园区,醉白池公园区、市河两侧(东到年丰人寿桥西到大仓桥)区域,并对重要区域周边的建筑高度控制要求在9米以下。

1991年松江镇被列为上海市首批历史文化名镇,规划中在松江城内划定了西、中、东三个风貌区;西区范围为东到人民路,西到玉树路,南北分别为以中山中路两侧100米范围内;东区为中山小学内的唐经幢、方塔园、云间第一楼历史建筑周边范围;中部区域为醉白池公园用地范围,提出对三个风貌区保护区内的改建要求与建筑控制高度要求。

1999年松江中心城区规划中提出了保护松江老城内历史建筑的详细要求，划定保护区，对松江城历史街区的保护范围划分为两个层次：核心保护区及风貌协调区。中山西路历史街区被提出（东起秀野桥西至玉树路，北部以中山西路向北100米为边线，南部以秀南街以南为边界），另外也包括方塔园、醉白池等核心保护区。

2003年9月，《松江老城区控制性详细规划》编制完成，对松江城内的历史文化街区和文物点划定范围，建设控制地带、风貌协调区，并明确文物保护要求、建筑形式、色彩与建筑功能。

2005年10月23日，市政府批准《上海市郊区及浦东新区历史文化风貌区范围》共32片，其中松江仓城、松江府城、泗泾下塘等3片历史文化风貌区名称正式确认。

2012年松江区历史文化风貌区保护规划经沪府〔2012〕3号文批准通过，仓城与府城风貌区由此正式作为重要的历史街区在市级层面从城市规划上得到更加关注、认同与重视。

随着新城的建设，古松江的城市发展遗迹渐渐淡去，留给世人的，是那些保存下来的松江城内的风貌区——府城与仓城。

我们很难拿着松江府城图去比对式地寻找，也无法与平遥古城、苏州古城堪比，但在那战火硝烟下，能留存下来的古树、古建筑就是这个城市的珍宝，是这个城市的特色、乡愁与记忆，其中定有更多鲜为人知的故事。

留存在那里的古塔、古宅、庭院与街巷，传承了松江城千年的历史与文化底蕴，是这个城市的历史记忆，等着我们去保护与继承。

府城因其独特的政治地位在战火中屡次被毁，仓城却因其笑傲江南的经济和交通地位而留存下来。府城风貌区内多为遗迹，而仓城内更多是保留与传承下来的明清时期、民国时期的深宅古院、私家园林、街巷格局、水道古桥风貌和民间传奇。

松江府城原为唐宋华亭县城府署（具有一千多年历史）所在地，是松江区内历史最悠久、文保单位最集中、风貌建筑保护保存等级最高的历史文化保护区。府城地区历史上便是唐宋华亭县县城所在地，是松江地区历史文化风貌整体性保护最为完整的风貌区，留存有兴圣教寺塔（方塔）、砖刻照壁、云间第一楼等一批优秀历史建筑。

此外，府城风貌区内汇集了松江1250多年地区发展的历史痕迹，蕴藏着松江各个历史发展时期丰富的物质与非物质的历史遗存，集中体现了自设府以来松江地区的传统文化。

历史上，府城风貌区便是江南重镇华亭府所在地，凭借得天独厚的地理优势，在唐宋时期便已十分繁华。而发达的农业、盐业与航运贸易业，维持着松江地区社会经济长久的繁荣昌盛。

松江府在明代达到了其历史中的鼎盛期，时称"苏松财赋半天下"，造就了府城当时城市建设的兴盛，留下庄严的府衙风貌特征，代表建筑有"云间第一楼"（目前为松江二中南大门）。

府城历史文化风貌区呈现出"海纳百川"的风貌特征，诸多富有特色的历史风貌建筑和环境在方塔园和松江二中两个主体空间的承载下和谐共生。

北宋年间建造兴圣教寺塔，宋代建造谷阳园、云间洞天等。至元、明、清三代逐步形成松江府政治、经济、文化、军事中心，城市得到了较快的发展。这时期，府城内园林宅第密布，旗杆林立，牌坊满路。

松江府城也是历代战略要地，清初的攻城战、太平天国攻城战、抗战初期的日军狂轰滥炸，使松江府城屡遭劫难。

1949年后,府城地区成为松江地区行政文化中心。府城风貌区规划控制面积为31.10公顷。以中山中路为界,北侧主要为松江二中范围,南侧主要为方塔园、博物馆、科技馆等区域,分布了大批历史遗留下来的园林建筑和教育建筑。

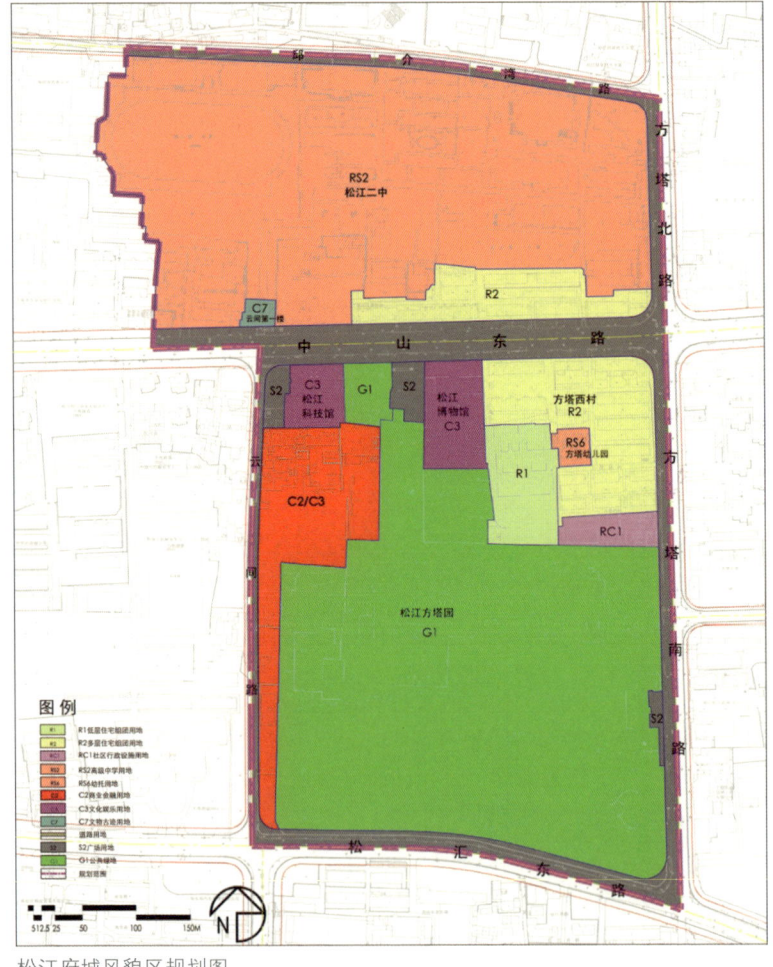

松江府城风貌区规划图

府城探秘

松江府城风貌区内汇集了诸多具有知名度的历史建筑，如方塔园、云间第一楼、砖刻照壁、天妃宫、兰瑞堂、望仙桥、树人院等，均保存完好，有较高的历史文化价值。

目前府城依存的主要街道空间有中山东路和云间路。

中山东路

历史上是松江古城东西向的通衢大道，随着方塔园北门和云间第一楼的修缮以及松江博物馆、科技馆等仿古建筑的建成，中山东路已成为展示府城整体历史文化风貌的街道。

云间路

历史上是松江府署门前的轴线大道，云间路的风貌特色是府城风貌区内重要组成部分。

方塔园

为保护好这些古上海的历史人文遗迹，政府进行了多次规划改造。1978年7月，上海市园林管理处提出将松江比较零散的文物迁移集中到方塔周围，以宋代方塔为中心，保留明代大型砖刻照壁、宋代石桥和7株古树等文物古迹，建设一个面积约为8.8公顷的方塔园。

聘请同济大学著名园林设计专家冯纪忠教授，在继承我国传统园林风格、吸取国外园林特点的基础上，设计建造。1982年一期工程建成，方塔园在1999年世界建筑师大会优秀设计展上，荣获50个优秀设计作品中唯一的园林设计奖。

方塔园位于松江老城区中山东路235号（近方塔南路），据考证，松江方塔园现址是唐宋时期的松江府城中心区，当年建造方塔园时，在地下约 2 米深的地方，挖掘中显现了大量唐宋遗物和一条东西向的唐代市河部分驳岸等古遗迹。方塔园以宋代方塔为主体建筑，园内以方塔、明壁、清殿、楠木厅及古树等为中心，通过各依地形而组成起落、繁简、大小各异的空间，把历史文物烘托出来。园内原有丁字形河道，规划将中心部分适当扩大成湖，增加水景。通过院墙，筑整齐的石驳岸，直连接于湖面的宋桥。

值得一提的是古堑道空间，高低起落，通过通道和堑道的标高变化让游人如入森林，或入幽幽深谷。园内围墙做到围而不合，土山做到封而不闭。

里面还有一个闻名遐迩的茶室"何陋轩"，是业界的一项瞩目工程。

方塔园堑道

全园道路硬地坪均采用方形或长方形制石板或石块铺设,还有各种方形制的石凳,这与方塔的方形制相呼应。

现存府城遗址

松江府城呈东西较长、南北较短的椭圆形,城墙四周有护城河,周长九里一百七十三步,高八尺。有陆门四座,水门各附其旁。在辛亥革命后,府城渐渐损毁。1958年后,城墙逐步被拆、护城河被填河筑路,现仅存位于松江迎宾路2号的城墙遗址。据文管部门提供的数据,残存的墙体长127米,宽15米至20米不等,还有一段长561米、宽11米的护城河。

方塔园内景

方塔园：松江府城的露天博物馆

沐浴着姹紫嫣红的春光，走进府城，遇见她——最美的方塔。

方塔与照壁（摄影：蒋建新）

方塔，因塔身呈方形，俗称方塔，全名叫兴圣教寺塔。这座江南闻名的古塔，始建于北宋熙宁年间（1086—1094），宋、元、明、清曾多次修缮。

1975年，政府对塔进行复原大修，1977年完工，两年的复原大修，以"不改变原状"为原则。凡宋代原构件以及元、明、清代修补件，未损坏的全部保留；损坏的予以修补、加固；残缺的照原样修复；找不到原样的结合此塔的风格特点，予以重制。

重制时，换去腐蚀的塔心木，重装塔刹，补换相轮。恢复各层扶梯、楼板、平座、腰檐和"寻杖式"栏杆，重建了围廊。

重修时，对历代遗存的木构件，都采用高分子封护加固剂涂抹，其余木构件都用桐油涂刷多遍。经过加固涂刷后的木构件，既能防蛀、防腐，又增加了强度和承力。处理后木纹依然清晰，保持"古旧"的风貌。

经过修复后的方塔，造型美观，做工精巧。尤其是斗栱、壶门上的月梁及砖身上的撩檐枋等，十分古朴秀美，其中斗拱至今保存宋代原物60%以上。后经专家们检验认定，松江方塔是中华人民共和国成立以来国内古建筑修复最成功的一例。

塔高为42.5米，共9层，砖木结构十分精巧，如斗栱、壶门上的月梁及砖身上的撩檐枋等，都设置得比例巧妙。方塔的斗栱中，自古代保留至今的共有177朵，其中宋代原物111朵，占62%，这在古建筑中实属罕见。顶部塔刹高达8米，由覆盆、宝瓶等组成，还有四根称作浪风索的铁索，从尖顶拖向第九层的檐角，线条优美。塔檐四角均系有铜铃，遥想当年登上方塔顶层，定有会当凌绝顶的感觉，一阵微风吹过，风铃响动，铃声传遍府城。

第三层西壁上，塔藏宝物有两幅宋代佛像壁画，图案仍很清晰。在塔底，有一座"地宫"，原里面藏着一只雕有龙虎图案的汉白玉石匣，内有一尊长约40厘米释迦牟尼鎏金卧佛铜像。

方塔美景（摄影：许克照）

李白诗云:"今人不见古时月,今月曾经照古人。"岁月匆匆,古人留下的,除了明月,还有这眼前的古塔。

明代砖刻照壁

砖刻照壁位于方塔的北边,建于明洪武三年(1370),是上海地区保存至今最古老和最完好的大型砖雕艺术品。其始建于松江府城隍庙门前,可惜城隍庙毁于战火。1987年9月,被公布为上海市文物保护单位。

照壁上刻有一只名叫"贪"的巨型怪兽,独角直竖,眼如铜铃,四脚各踩元宝、如意、珊瑚、玉杯。相传,"贪"囊括了人间的财宝,还贪心不足,最后想吃天上的太阳,结果蹈海而亡,起到警示的效果。

方塔与照壁(摄影:胡鹰)

明代砖刻照壁（摄影：陈福）

照壁上反映了松江一些地方习俗文化：如莲花旁置一瓶，瓶中插三支戟，称为"连升三级"；一颗大印挂在树上，旁边有只猴子，称为"挂印封侯"。还有"凤衔天书""八仙过海""鲤鱼跳龙门"等图案。

天妃宫

1980年迁建于方塔园。原址位于苏州河河南路桥北堍。旧为顺济庙，其址在上海小东门，宋咸淳中重建，祀妈祖。

兰瑞堂

1984年迁入方塔园。明代建筑，原位于中山东路包家桥东堍。清初曾为江西巡抚、左都御史朱椿住宅，因清高宗称其"好古如是"，遂名"好古堂"。堂内曾悬"兰瑞堂"匾额，为清代书法家张祥河手笔，匾已毁。1990年10月，设"朱舜水纪念堂"于此。

天妃宫(摄影:陈福)

望仙桥

望仙桥

方塔园内平板石桥。南宋《云间志》已有记载,是上海地区最古老的石桥之一。

南北走向,跨古市河,全长 7 米,宽 3.2 米。桥面、桥下有多处榫眼,为典型宋代梁柱式木石结构桥。现篆书"风调雨顺,国泰民安"八字。东西侧间,均有圆形开光,分别雕以青龙、白虎图案。桥下以木梁柱支撑,现梁柱木已腐朽,但桥墩、石柱与梁眼仍清楚可见。

何陋轩

何陋轩是方塔园内一茶室。松江方塔园与何陋轩,是冯先生的代表作品,有人说,设计作品的孤独气质,就如冯先生骨子里的孤傲气质一样,将世界置于远处,有着自己清楚的价值判断,并不在乎什么是周遭世界的主流变化。

茶室临水而建,以原生的竹为结构主体,屋顶以草为瓦,周围翠竹丛生。获得普利兹克建筑奖的中国建筑师王澍也曾在"拆造——何陋轩展览"的前言里提到,冯先生是以"建构性"作为角度的第一个现代建筑家。

何陋轩四周通透,总面积 510 平方米,长 16.8 米,宽 14.55 米,高 7 米。其建筑造型仿上海市郊农舍四坡顶弯屋脊形式,毛竹梁架,与四周竹景融为一体,浑然天成。

流水人生,转瞬即逝。在阳光的午后,何不逃脱世俗的舞台,穿越千年府城,与挚友来此一聚。聊几句阴晴圆缺的话语,品一壶清淡优雅的茶。

何陋轩（摄影：陈福）

何陋轩

映雪读书树人院

走出校园,不由地感慨:八百载烟雨城楼,一世纪花开学府。人才辈出之地,人杰地灵之风。

云间第一楼(摄影:陈福)

松江二中校园是松江府城风貌区重要组成部分，原为松江府衙所在地，具有重要的历史教育意义和独特的历史地位。

烟雨掠过岁月古老的城楼，梅花飘零府城残存的花园。

三月江南的清晨，跟随着当下最勤奋的稚嫩人群，我走进了松江二中。这群同龄人中的佼佼者，随着晨曦的第一缕阳光走进学校，灯火暗淡后才归去，春夏秋冬，周一至五，为的是寒窗苦读圣贤书，博取金榜题名时。

此情此景，看着这一张张微笑活泼的面庞，他们仿佛知晓，脚下这片神秘的土地，就是追寻中松江府城的县衙所在地。

这风水宝地，一个世纪的树人院，走出莘莘学子，培养了众多的优秀人才。

而我们今天想说的是，这所重点高中的前世今生……校门口的那座城楼，园内的那座小石桥，都向人们述说了这岁月的更替，人来又人往，任凭斗转星移，千年的古城还保留着那些淡淡的痕迹。

松江被誉为"上海之根"，而府城则是处于松江历史的重要行政中心。松江二中作为松江府衙唯一的历史见证，在松江文化发展方面具有重要的历史教育意义和地位。

松江二中原为松江府署旧址。学校创建于1904年，初名松江府中学堂，辛亥革命后易名"江苏省第二中学"，1959年更名"上海市松江县第二中学"，1998年简名挂牌为"松江二中"。而今，在这里花园般的校园内，碧草如茵，小桥流水，假山亭台，点缀其间。教学楼、实验楼等建筑都遮掩在树荫花影之中，构建浓厚的人文氛围。

目前松江二中内区级文保单位有"云间第一楼"，树人院，五一、五四、六一楼和松江府署小花园内的府衙桥等。

云间第一楼

现松江二中南大门,原为元贞元年(1295)所建松江府署前谯楼,传说校门是三国时期周瑜点将台的旧址。

据明正德《松江府志》卷十一载:"至元十四年,升华亭为府,明年改曰松江府,二十九年又划华亭县东北地为上海,属邑凡二焉。由是辟府廨,崇建谯门,与各藩巨镇同。"

据清人叶梦珠在《阅世篇》中所记:明末,在松江府治前,建有五楹谯楼。清兵南下松城,楼毁于大火。

顺治初年,在旧基上重建鼓楼三楹。康熙、乾隆间,又几次重修。清道光间始称"云间第一楼",并置匾悬于楼前。楼于抗战期间为日军破坏仅存残架,1950年一次大风中倒坍,仅存有楼基残墙。

2000年,云间第一楼在旧址上重建,建设期间,发现清康熙年间"福寿""宝应"铭文的城砖共18块。

树人院

树人院位于松江二中校内南部。此楼于1937年由地方乡绅捐助而建,是省立松江女子中学的教学主楼。歇山顶,层高3.4米,楼高三层,清水砖砌,水泥西洋图案装饰。大楼东西长40.8米,南北

树人院

宽 10.9 米，南北隔成两排教室。各层地面为厚实的原木楼板。此楼为松江近代教育的建筑实证。

"树人院"，众多人猜想估计当年是取其"十年树木，百年树人"的寓意。

树人院（摄影：陈福）

五一楼 五四楼 六一楼

三栋教学楼建于1951到1954年,是松江二中重要教学楼。开间52米,进深10米。清水砖砌而成,层高约4米,位于松江二中校内北部。原是省立松江女子中学的教学楼。这三栋教学楼是松江建国初期教育事业发展的重要标志。

五一楼(摄影:陈福)

府衙桥

始建于明代,位于松江二中花园小池上,三跨平板石桥,宽2.87米,进深8.55米。桥墩、梁上均有浮雕花卉,构造方法与方塔园内的望仙桥类似。据文物保护专家推测,此为松江府城后花园内的石桥。青石桥梁采用木石混构的建造工艺,具有重要的历史文物价值。

府衙桥(摄影:陈福)

松江博物馆

透出厚重斑驳的府衙大门,站在饱经风霜的碑厅下、长廊边、古塔下、照壁前,一起见证松江府城走过的那些风雨历程。

松江博物馆(摄影:陈福)

"山明水秀,玉出昆冈",走进府城风貌区范围内的松江博物馆,阅读那些馆藏珍品、地宫文物、绝代书画,领略松江府代代相传的青年才俊的风采,回顾松江在中国书画史上谱写的一个又一个新篇章。历朝历代出土器皿和物件,却是谁也无法从记忆中忘却,那些被封存几百几千年的文物,在松江这片神秘古老大地上,被考古学家屡屡发现,从汤村庙崧泽文化到广富林新石器文化,一次次将松江的历史向前改写,一次又一次证明了松江——"上海之根"的美誉,坚定地向世人展示了古松江府"衣被天下"的殷实和显赫华夏的风流。

松江博物馆紧邻方塔园东侧,是一座以收藏、研究、展示宣传松江历史文化为主要职能的博物馆。现有书画、古籍、碑刻、砚台、陶瓷、家具等文物藏品数千件,2009 年被公布为国家二级博物馆。始建于 1915 年,1937 年毁于日寇战火,1981 年重建。

博物馆分为三个展区对公众开放。

博物馆大门(摄影:杨坤)

松江《急就章》碑亭

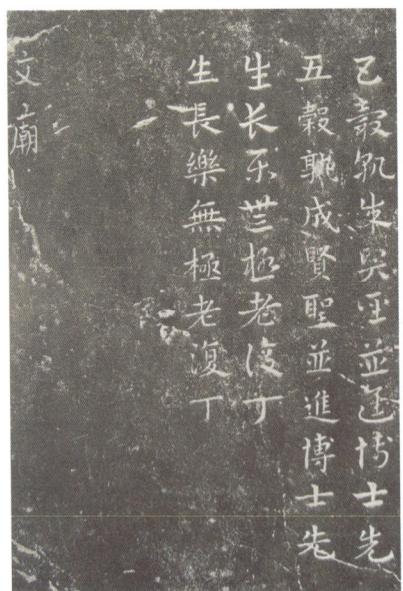

松江《急就章》碑局部

入口西侧的碑廊展示松江明清书法艺术与史料碑刻，其中碑亭内的"急就章碑"为镇馆之宝。

急就章碑为青石石刻，高1.85米、宽0.63米、厚0.225米。源于明代正统四年，因碑刻于松江，故又称"松江急就章碑"。"松江急就章"拓本曾刊入《中国美术全集·魏晋南北朝书法》，是我国书法艺术史上的重要作品，称为"天下章草第一碑"。该石刻在历朝历代中，得到了无数松江人民的保护，得以流传至今，实为不易。1949年后，此碑被发现，并得以移往县第一中学内，并筑碑亭。1962年，公布为上海市文物保护单位。1984年，移置现松江博物馆并成为镇馆之宝。

展厅二层为基本陈列区，通过史前、墓葬、古塔地宫、历代陶瓷、书画等文物专题，展现松江五千多年的发展历史。

松江博物馆碑廊（摄影：陈福）

松江博物馆碑廊

博物馆内景（摄影：杨坤）

展厅一层为临时陈列区，不定期举办从国内其他博物馆引进的文物展览，以及松江历史文化特色展览。

府城风貌区是松江古城行政、宗教、商业聚集区，是上海本土文化最早的发源地。其综合反映了几千年来松江独特的社会特征及物质空间的演化历史，也是城市社会沧桑变迁的宝贵见证。风貌区范围内保留了当地各个发展时期的历史遗存，很多重大历史事件发生于此，在中国书画历史上有着重要地位的知名人士也曾在此留下足迹，具有极高的文化艺术特征与中国传统建筑技艺水平。

走进仓城风貌区

话说仓城风貌区

如果说府城风貌区是古松江府的魂,那么仓城该是古松江城遗存的城市风貌的精髓所在。

仓城冬景(摄影:蒋建新)

仓城名字的由来

仓城地处松江府城以西,古时候为府城的子城,因漕运发展而来。古时候水运是主要的交通方式,松江府城的大米、棉布等特产外运,均通过这里起航,仓城于是兴起。

仓城的名称源于此处古时候市河南岸有官府粮仓,当时分布有不少粮食码头。

风貌区范围

仓城风貌区规划面积为66公顷。核心保护区范围为玉树路以东、黄墙港以西、中山西路两侧、市河两侧、秀南街两侧区域,面积约为19.5公顷。核心区内保护建筑、保留历史建筑较为集中。

仓城一景(摄影:陈福)

仓城古宅（摄影：蒋建新）

仓城风貌区留存下来大量的历史建筑、街巷、河道水岸承载着明代以来松江地区的城市经济、文化面貌，传递了居民生活环境、生活方式等多方面的信息，具有庭院古宅、乌衣巷口、石桥水道，以及流传于今的传奇故事，是松江历史信息的载体和传递城市传统风貌的展区。

仓城因漕运而兴起

漕运，是指水道运输，对于仓城而言，漕运则是指古松江府通过仓城这个漕运中心每年将大量漕粮经过古浦塘向北往京城运输。

明万历四十七年（1619），仓城正式建设官署，仓城漕粮仓储功能得到完善与加强。1645年起，仓城成为江南的漕粮重地，也是娄县的行政中心。

每年漕运时节，华亭、娄县、奉贤等地160只漕船集中到仓城装载启航。据说，启运之前，县官着盛装到仓王庙举行重大的仪式，歌舞三日不绝。

漕船出行时，府县官于祭江亭举行祭祀仪式，以求漕运一帆风顺，古浦塘上各邦船号彩旗鲜明，浩浩荡荡，一路向北将漕粮运往京城。仪式三日盛况期间，每日仓城从大仓桥到跨塘桥一带挤满了观看盛景的各方来客，热闹非凡，空前绝后，为的是一睹漕船起航。船队由古浦塘沿泖河入斜塘，而后取道京杭大运河，上苏州扬州，北上运粮直达通州。

漕运的兴起，带来了文化的交流，商品的互通，思想的碰撞。漕船水手是北方人，也促进了南北商品的流通，他们带来了北方的白菜、枣子等来仓城售卖，也带回大量松江的土特产。漕运的发展，带来了商品流通，人员集聚，集市繁荣，大力推动了仓城的发展。

秀南街景（摄影：陈福）

市河街景（摄影：陈福）

仓城内外，日间川流不息，夜间歌舞升平，茶楼、客栈、饭店成为外来水手、商人逗留之地，久而久之，仓城人潮涌动、繁华一片、远近闻名。

道光五年，因运河受阻于淤泥阻塞，运输受限，逐步改为海运。一直到1851年，全部漕粮均改为海运，松江府的漕运中心由仓城转移到了上海口岸，由此，仓城漕运中心便逐步退出了历史舞台。

漕运衰退后，仓城的交通功能继而减弱，周边的商业开始消退，但繁荣一时的古宅深巷，依旧屹立如初，留给世人无穷尽的回味。

仓城的街巷风貌

仓城风貌区内传统风貌轴线的主要代表为东西向的市河、中山西路与秀南街。

中山路历史上曾经是"东到华阳西跨塘"的十里街市，中山西路以北地区是官宦大家的聚居地。

秀南街沿线保留了大量传统民居，江南水乡独特的居住氛围，形成文化气息浓厚、人文特色鲜明、格调优雅的传统街巷。

传统街巷

风貌区内部街巷体系保存较为完整，拥有较多街巷空间具有明显特色的传统街巷，沿街历史建筑品质较高，风貌区内风貌良好的街巷主要包括东西向的秀南街，南北向的大仓桥及相连接街道，还有一些通往河道和宅院的极具传统特色的较狭窄的小巷弄。

住宅多按前街后河布局，部分民宅是大宅败落又几经易主后演变而成。住宅多为三进二庭四厢格局，如秀南街沈氏三宅等。

街巷大多较为窄小，有些竟不足一丈。街巷两侧楼房，可对窗闲聊。背面临河一侧的殷实大户在驳岸上建石级，作私家埠头。

1999年我曾随同文物局的工作人员带着上海交通大学的大学生对中山西路两侧、市河两侧、秀南街沿途的仓城内古建筑进行调研与测绘。想到那次古建筑测绘，我不由得想起了张汝皋部长，当年中山西路风貌区测绘与规划就是在他的倡议下进行的，他致力于松江传统文化、风貌区等方面的保护与推广，是位难得的好领导。

在1998年以前，中山西路两侧，人民路以西，玉树以东地区都为历史风貌区控制地带。1998年编制的《人民路西侧地区控制性详细规划》中提出，为使古城保护和发展建设协调统一，建议采取点、线、面结合的保护开发原则，提出永丰路以东到人民路以西的中山路两侧地区以点状保护开发为主，形成以西林寺和清真寺为核心区的宗教风貌保护区，并明确了将古建筑保护和开发利用结合起来。

为了处理好保护与发展这对矛盾，人民路以西到秀野桥的中山西路段，在2000年前后开始改造，拓宽了中山西路道路红线，并保障松江中心医院道路交通的通行能力，对中山西路两侧沿街的破旧建筑进行拆除重建，建设风貌控制为二层中式传统建筑，由国有公司承建，动迁安置了沿线居民，建设了华亭路商业街。在这次改造中，突出了西林寺、清真寺两处市级文物保护单位在该街区的重要特征，辟建了宗教文化风貌空间；同时为了保障市政道路的建设，对原址分别位于中山中路510号、580号和429号的袁昶宅、瞿宅和王治山宅，三处区文物保护单位进行了移建整合，目前已为程十发纪念馆的部分建筑。

而玉树路以西到跨塘桥以东一段的中山西路，2014年前后规划调整作为通道控制，保持了8米宽的道路，道路北侧规划为居住地块，建筑高度控制为12米以下，南侧为商业用地，高度9米以下。该地块在随后的土地出让中由新城房产商取得，开发了新城水云间楼盘。

2003年，仓城风貌区因保持松江明清时代以来重要的风貌特色而被正式列入市级32片历史风貌区之一。据文物管理单位提供的数

仓城一景（摄影：蒋建新）

据显示，仓城内有区级文物保护单位，登记不可移动文物百余处，是松江城内自明代以来，仅存的保留最完整、文物单位最集中的城市风貌区。

寻梦仓城古桥

行走在仓城的古桥与街巷,你定会觉得,仓城里中的春光、流水,连同空气中尘埃都是风情的。无论你怀着多平常的心境走进风貌区,亦会被这悠悠古桥所感染,迫不及待地去追忆这一段段似水年华。

大仓桥(摄影:陈福)

仓城风貌区内的石桥,曾独领风骚数百年,以其优美的线条横卧于古河道两侧,承载了仓城沉甸甸的历史,托起过数百年的繁华,连接了松江城的古与今。

数百年前,航运繁忙之际,它承担起这个城市主要的交通功能。数百年后,朝代的更替,城池的变迁,社会的革新,几多风云变幻,早已物是人非。而遗存的大大小小的桥,不仅仅是风貌区内主河道上美丽的风景,更多的是留给后人那些无限的追忆。

目前,仓城主要河道上留存的河道有跨塘桥、大仓桥、秀野桥、秀塘桥、秀南桥、年丰人寿桥等。

云间第一桥

寻找云间第一桥——跨塘桥,就像寻找一个遗失的旧梦,过往的烟云,独树一帜的云间诗人、画派与各方英雄,都已随着桥下的流水而远去。人间四月天,风停雨住,沿中山西路往西行约 300 米,便来到曾经闻名遐迩的跨塘桥边,不难发现古桥依旧古朴而绚丽。

跨塘桥(摄影:陈福)

行走在有着近千年历史的跨塘桥，拾级而上，向桥的更高处走去，站在桥中央，眺望桥下的流水，仿佛听到了时光流淌的声音。数百年来，这座石桥上川流不息的人群，桥下穿行繁忙的过船，漕运起航的船队，盛大的祭祀节庆，都已远去，今日的经历也当成为昨日里的旧梦……

跨塘桥，位于仓城风貌区西侧花园浜与古浦塘交汇口东侧。三孔石桥，南北向卧于河道上方。桥长40米，宽4.62米，高约8米。

桥始建于宋代，名曰"安就桥"，初为石桥，后改为木桥。明代成化年间，在原址上重建石桥，称为"云间第一桥"，据说当时为松江府内最大的桥，其形状与《清明上河图》中的汴京虹桥类似。

有传闻说，一次在端午节时，乡亲们上桥相拥看龙舟比赛，将桥压塌了，不少村民落水。后在旧址重建，改木桥为三孔石桥。桥柱上刻有"南无阿弥陀佛"字样，似乎是祝福经过桥的船只平安顺利。

跨塘桥（摄影：蒋建新）

据史书记载该桥梁在清康熙、光绪年间都有修缮过。目前的桥在 1986 年重修，在 1985 年 7 月被列为松江县级文物保护单位。

宋陆蒙《跨塘桥》诗云：

"路接张泾近，塘连谷水长。一声清鹤唳，片月在沧浪。"

关于这座桥，还有不少故事与传说，但最经典的还是关于陈子龙的故事。

陈子龙（1608—1647），明末官员、诗人、词人、散文家、骈文家，也是明末著名烈士与英雄。出生于南直隶松江华亭（今上海市松江区），初名介，后改名子龙。明末清初年间，清兵陷南京，他和太湖民众武装组织联络，开展抗清活动，事败后被捕，被押赴南京。永历元年（1647）五月十三，途经松江跨塘桥附近，乘守者不备，投水而溺亡，以身殉国。

斯人已逝，古桥犹存，连同桥边的祭江亭，无不向寻梦古桥、追忆古今的世人，述说着松江仓城的厚重文明。

一座新城的成长：上海松江

大仓桥（摄影：孙新峰）

大仓桥

上海市级文物保护单位。

仓城风貌区内的五拱石桥,位于中山西路仓桥弄南,南北卧于市河上方。明天启六年(1626)重建,又称为"永丰桥",桥额刻"重建永丰桥"五字。桥全长50米,宽5米,桥顶距河面8米,是上海地区现存最大的古石桥之一。

桥面选用上等的金山石石料为台阶,青石石料为栏杆。桥北侧有明代《华亭仓桥碑记》石碑一方。目前所见的石桥在2002年修缮,有黑色大理石石碑一块,记录了大仓桥的修缮历程。

据史书记载,旧时的仓桥,是木结构,桥上曾经发生过饥荒年间分粮的事故,"西仓桥,旧以木为之……同知岳维华放粮,饥民站立桥顶,坠水死者六十二人……"

古时候,文人墨客,多会于此,大仓桥亦为书画诗词的题材之一,董其昌撰并写有《西仓桥记》。

据记载,明清时大仓桥南筑有仓城,有城墙及四门、敌楼、瓮城等,规模甚大。仓桥,这是连接中山西路和仓城的主要人行通道。

大仓桥横跨于松江市河上,原市河,东起松江东门,西至秀春塘,横贯老城区。1958—1982年,东门至蒋泾河段逐年填平,现剩下人民河到秀春塘段。

辗转六百年的风雨征程,大仓桥依然长虹卧波于此。

大仓桥连接着仓城的南与北,古与今,守护着仓城的代代子民。

数百年后,留下在人间里,有着说不尽的人间冷暖,风情故事,吸引了无数前来参观膜拜、艺术创作的人群。

大仓桥正门（摄影：陈福）

大仓桥（摄影：蒋建新）

秀野桥　秀南桥　秀塘桥

在明代以前，这几个桥以木结构为主。元代建设秀野桥，明代时期，将秀野桥建设改为石桥。1949年后，将秀野桥、秀塘桥改为水泥桥。

关于三秀之桥，有个美丽的传说，但我宁愿相信这个是真实的故事。

古时候，仓城东部因河道阻碍，两侧的交流极为不便，一家有漂亮的三姐妹，她们勤劳又聪慧，发誓要为乡亲们造福，面对踏破门槛的提亲之人，要求让新郎家里合力架桥修路，三个小伙子欣然同意，倾其所有建造"三秀"桥，即是秀南桥、秀塘桥、秀野桥，然后他们用花轿一路吹吹打打经过桥上将三姐妹花分别娶进了家门。后来，人们又称"三秀桥"为"爱情桥"。

其他史书上记载的桥还有包家桥、钱泾桥、起云桥、青龙桥等，这些桥梁，联系了河道的两岸，成为人流聚集的核心区，也是集市、商铺、茶楼、寺庙的选址之地。

深深庭院的雕花小楼

仓城风貌区内的古巷深宅,每一处古宅皆如一本书,有一段或几段感人至深的历史故事,有待娓娓道来……

雕花楼(摄影:陈福)

明清时期的松江城,汇集了一个杜氏大家族,集中居住在松江仓城地区。根据史书记载,松江晚清至民国杜氏主要有两支,一支为明代尚书杜士全的后裔,另一支为清代同治进士杜锡熊的后裔。杜家在此安居乐业,代代相传。

从秀野桥到大仓桥之间,遗存的杜氏民居十余处兼被列入松江区级文物保护单位或区级不可移动文物,包括杜氏雕花楼、杜氏宗祠、杜氏佛堂等。

位于中山西路266号的杜氏雕花楼,为当地名官绅杜岭梅的住宅。此楼建于清代嘉庆年间,以其独有的建筑艺术魅力闻名上海。

宅坐北朝南,该楼现存四进,前楼、走马楼、后屋,厢房。据记载,中山西路拓宽时期,拆除了部分院落。

雕花楼大门(摄影:陈福)

杜氏雕花楼面阔12.2米,进深44.5米。东边有穿弄。目前已经修复完工,是松江区级文物保护单位,也是松江非物质文化遗产传习基地,免费向公众开放。基地内不定期在现场展示松江区的顾绣、

雕花楼内景

雕花楼天井（摄影：陈福）

舞草龙、十锦细锣鼓、皮影戏、余天成堂传统中药文化和江南丝竹等非物质文化遗产。

当你走进雕花楼后，必会惊艳于院内被精心雕刻过的一砖一瓦、一木一石。中国古人有着如此高的艺术造诣，把对美好生活的期盼通过一处处图案雕刻，将场景展示出来。砖雕、木雕、石雕，无处不在，体现了艺术源于生活又高于生活的美好愿景。

古人云，"无刻不成屋，有刻斯为贵"。这种民间工艺，风格古典清雅，为古建筑增添了独特的艺术魅力。展现的各种雕刻艺术，必是"建筑必有图，有图必有意，有意必吉祥"，题材广泛，寓意吉祥。

杜氏雕花楼第一、二进为清代建筑，沿街面为三开间的二层木结构房屋，硬山屋顶。穿过过厅与天井，朴实的仪门上书"紫气东来"四个篆体大字，第二进的正厅是主人会客之处。东西两侧各有房间，透过花格木窗，可以清晰地欣赏到南侧小花园内美丽的盆景。穿过客厅，来到垂满藤蔓的天井，第三进为两层的小木楼，为民国建筑，也是全宅的经典之作"雕花楼"，是当时杜怡清（据说民国时曾任松江县县长）为新婚而翻建。

雕花楼楼梯

站在天井中间，四处张望，无不被满目的雕刻作品所震撼，朝南的正立面，从立柱到挂落，栏杆扶手，门窗额枋均覆盖了丰富的雕刻艺术。木雕造型多样，线条丰富，或花卉虫鱼，或人物山水，或西式线条。精美木刻具有极高的艺术欣赏价值，每一处雕刻都有其不俗的寓意，代表着吉祥平安与富贵财富，显示了主人对于美好生活的愿景。受到西方建筑艺术的影响，雕花图案也呈现出一些西式的图案花纹。小楼选用了一些西洋建筑材料，如东厢楼玻璃原为英国进口花玻璃、铸铁的围栏等。最后一进是主人的生活空间，也是仆人们活动的场所，东边有穿弄，可以直接通往前厅。

夕阳西下，伴着杨柳西风，雕花楼显得格外古朴而华美。更多的人，会慕名而来，寻觅大户人家远去的足迹，亦会将这雕花楼的故事继续演绎下去。

红尘路上,结伴而行的人终将远去,杜家主人留下这深深庭院,当下的你我,踏光阴而行,得以独上小楼,穿越于清末民国初,感受高墙下的人间烟火……

雕花楼内景

千百沧桑话颐园

雨景是"颐园"的一绝,"颐园听雨"是松江二十四景之一;在风和日丽之日走进颐园,满园春色、空中弥漫着含笑那清甜的花香,体会阳光下这明代古典园林独具匠心之风情。

颐园内景(摄影:陈福)

颐园是上海现存较小的园林,位于仓城风貌区松汇西路480号,占地面积约2亩,面宽32米,进深53.3米,是仓城地区现存唯一的一处私家园林。明清时代松江城冠冕云集,官邸园林分布普遍,园林主人中有著名的画家和诗人,他们寄情于山水、崇尚自然。鼎盛时期,有大大小小的园林几十余处,有记载的静园、西园小筑、同野园等园林,后都已销声匿迹。

颐园内景(摄影:陈福)

我乃爱园敬园之人。大学时期，每周必有一上午随着美术老师辗转于苏州各大小园林，学习与体会中国私家园林的意境和造园方法，绘画出苏州园林的各种典雅之美，感悟古人"不出城郭而获山水之怡，身居闹市而得林泉之趣""虽由人作，宛若天开"的艺术境地。只可惜绘画天赋不高，唯恐辜负了这江南美景，便把这清雅如侍女的美永藏于心田。

中国私家园林，以苏州园林为典型代表，是中国古代文人士大夫寄情山水，体现"天人合一"的重要方式。在城市之中拥有属于自己的私家园林，打造"归园田居"的理想之地。造园的堆山、叠石、理水、借景、对景等都是营造中国私家园林的理念和方法。

颐园内景（摄影：陈福）

颐园内景(摄影:陈福)

书房

现在回想起来,在依旧眉飞色舞,热情洋溢的青春年华,听着苏州评弹,在亭台楼阁下支上画架,每周半日的时光,这是深藏于心灵深处一段何等奢侈的记忆!

身在此园中,打量这建于约四百年前的园子,由南往北依次为观稼楼、二层花厅、莲池、假山、半亭、画舫、书房等建筑,站在高高的爬满爬山虎龙尾般的花墙下,不由得思绪万分⋯⋯

那时候,松江正值"衣被天下"的鼎盛时期,大量的纺织业豪商汇集于此,购置家产、选地造园。

明万历年间,沈氏布商在松江仓城的秀南桥西择地营造休闲园子,主人不仅生意发达,而且颇有文化内涵,请来为京城修建皇家园林的造园工匠,松江籍叠石名匠张南垣为之造园,并要求要小中见大,别有洞天。

很快,造园师因地制宜地精心打造了别具匠心的园林,运用独特的黄石堆山、山中有洞、洞中连廊、廊必临水等手法将方寸之地打点得融山水之境、漾诗情画意。独有的四面戏楼,让沈氏一时兴奋不已,称此园为"因而园",取其做事要有个因果头绪之意。

园中南北两幢主楼。据说南面的一幢是"戏楼",北边的一幢为"看楼",两幢楼都是传统木结构,高约五米,五间七架,屋角起翘,檐下转角垂以花柱。"看楼"分上下两层,楼上可观景看戏,楼下是花厅,花厅北临花园。我国著名作家和考古学家师陀曾经考察过颐园,他说,明代戏楼保存得如此完整,全国恐怕仅此一处。

然而,纵情山水、归隐田园享有这样的园林,需要具备大量的财力和物力,非常人所得。需要主人不断修缮增减,修枝剪芽,也注定了该园在往后的几百年里多次易主。

观稼楼（摄影：陈福）

"因而园"传到孙辈，家道衰落。清道光年间，该园子被富商罗家购入，而后疏于管理，其后代钱财耗尽，并于光绪年间，将该园子再度转让。许威当时为浙江归安知县，到了告老还乡之际，从罗家手上购入该园，与他的住宅相邻而居。许先生将园子改名为颐园，取其"颐养天年"之意。颐园便由此而来。

许威购入园后，大力投入，精心打造园林，假山荷塘，古树名木，体现明代园林巧夺天工的雅韵。颐园由此而成为文人墨客、达官贵人相聚之地，主人并将明代戏楼取名"观稼楼"，目前这块匾由此而来。

1924年，败兵入驻松江城，据说孙传芳部下进驻颐园，由此私家园林花木凋零，疏于管理。加上许家后代难以维系如此名贵的园林，该园再度易主，1937年成为"高家花园"。主人高君藩，其父高吹万，是民国元老，南社的发起人之一。

随后，"高家花园"成为社会名流、南社诗友聚集之地。有资料记载，高僧弘一法师（李叔同）曾前往此地，并为之盛况赞叹不已。1949年后，颐园划入养老院单位范围，孤独屹立于此。近年来，在文物保护部门和上海第四福利院的全力保护下，颐园得到全面修缮，再现古典园林风貌。

我们期待，该园能有对外开放之日。选一良辰美景之日，来此园林，赏玩风景，感悟颐园四百年的沧桑历程。这园内数百年的流水与落花，春去春又回，人生何尝不是如此，耗尽了青春，方知流年似水，青春匆匆。

光阴荏苒，流年一晃而过。多次易主的颐园，是一部松江仓城内各大家族的兴衰史，岁月蹉跎下，独留在人间的，还有这眼前的黄石假山、花厅戏楼、曲桥长廊、半亭水榭、古树荷塘……

铺地

花窗

花窗

后院

花园长廊

春元染坊探古

走过跨塘桥的烟雨三月,赶赴醉白池紫藤仙子的那一场约会,邂逅方塔园雨蝶起舞的琼花,悄然推开那扇古宅大门,跌入曾经繁荣华亭的隔世染坊中。

染坊

赶赴了醉白池紫藤仙子的那一场约会,邂逅了方塔园雨蝶起舞的琼花,走过了跨塘桥的烟雨三月,2018年的立夏时节,我悄然推开那扇古宅大门,跌入了曾经繁荣华亭的隔世染坊中。

染坊建筑群内,高大的厅堂,幽深的院落,梁架的挂钩,仪门上的砖刻——"春元播芳",留存的古井,看时光一点一滴地老去,了然无存,向来往的路人讲述着这个宅院厚重的故事。

位于仓城风貌区钱泾桥河边,启安弄18号、19号,沿街9开间商铺,这个建于清朝晚期的木结构建筑群,是目前松江现存的保存面积最大的宅院,据估算,该建筑群建筑面积约2700平方米。

该宅原址为清代"养真园",而"养真园"的前身又为一名黄姓知府的私家园林"西村小筑"。

说到"西村小筑",不得不提曾经闻名仓城地区的几大园林,竹溪别业、颐园、静园、可园。而今只遗存颐园。

"西村小筑"的主人为黄图珌(1699—1771),为清朝有名的戏曲家,松江华亭县人。青年时期,在杭州府、湖州府等地为官。一身清正廉明,且才学横溢。1754年告老还乡,颐养天年。

黄图珌弱冠时已好为诗文,一生著作无数,有文集、诗词、传记等,如《看山阁集》《百宝箱》等,大部分著作都在其私家园林西村小筑内撰写。

1723年动工建设园林,历时三年完工。有碑文记载,该园林"或依山而观,或傍水而成,花枝万状、鸟语千般"。西村小筑有块碑,2012年由王家后人捐给了松江博物馆,上有碑文记述了该园林的基本情况,有语花轩、百香亭、闲笑亭等,目前《西村小筑记》碑陈列在松江博物馆艺术碑廊内。

清道光元年(1821),张嘉贞从黄图珌的后人手上将园子购入,更名为养真园。

染坊

在张主人的打点下，该园得到极大的修缮与投入，显得更加精致典雅。有史书记载，该园围墙高筑，园内奇峰突兀，溪流飞瀑、亭台廊槛，宛转其间，园内缀以虬松、柔柳、翠竹……足以见得当年已为闻名松江的私家园林之一。

光绪初年（1875），养真园已破败不堪，在几经易手后，太平天国时期，王春元祖上从金陵举家迁入松江并购下养真园。

王家在此安居乐业，以染坊致富起家，很快成为仓城的富商之一，在养真园旧址上建设宅第，前店后宅，厅堂花园，染坊院落，晒布场地，染布作坊，漂染用房等，好一番繁荣的景象。

由此，可以说，春元宅是在私家园林用地上成功改建为集商铺、工坊、居住为一体的建筑群落。走在染坊建筑内，我依然在寻觅更多当年生活和手工作业的痕迹：一口古井，无疑为主人提供生活用水；二楼宽阔的建筑室内，想必有的是染坊的储物间，有的为工人休息间。

染坊

1949 年后,该宅由政府管理,曾经是城西卫生院的旧址,后又成为 30 余户居民的公租房。

随着仓桥风貌区的建设,2014 年后居民已经全部迁出,旧宅得到了全面整旧如旧的修缮,再现当年染坊的建筑盛况。

目前修缮后的宅院宽 36.25 米,进深 46.74 米。宅坐西面东,东为启安弄,弄前有条小河正在疏浚中。宅院分南北两组院落,东中西三处天井。三个天井将主人的宅院分为商铺、工坊、生活三个空间。

西天井内有一水井,原为主人生活空间。东天井由染坊大厅往东开仪门通向商铺空间,商铺面街和水,气势非凡。

中部天井面积最大,东西南北由两层木楼房围合而成,可以有晾晒功能。建筑构造上,除东部染坊大厅挑高两层外,其余三幢皆为两层,围合成四合楼。东南西北四个方向四组楼梯分别连通一层

染坊

二层,二层可以全面贯通,一层楼梯间等地还留存四个地缸,想来是当年主人藏宝之地。

修缮后的宅院再现了当年这家染坊的盛大气势,超过 70% 建筑材料都为原古建筑材料。该古宅的修缮复原,具有重要的教育意义和研究价值,展示了松江"衣被天下"的繁荣,开创了松江轻工业发展的先河。

走在中山西路上,回首依依惜别的王宅,悠悠数百年,傲立于街头,任凭烟火的冲洗、风雨的侵蚀。花香丽影下,不论你来还是不来,她都在那里,静静地守住王家染坊的那一份家业。

人已渐远,心存期待,期待着不远的将来,春元宅实现她播芳的梦想,染坊开放于公众,或是为仓城博物馆、展示馆,让留存的浅薄记忆再现眼帘。

宅尚在,韵犹存,人各天涯。

染坊

葆素堂前的望族风景

葆素堂那些匆匆流逝的年华，收藏那些古人远去的踪迹，寻觅仓城昔日繁华的望族风景。

葆素堂

葆素堂，为区级文物保护单位。现存的一组古建筑为许氏家族院落中的厅堂，目前仅存厅堂、天井和五开间两层小楼，具有鲜明的明代厅堂建筑特点和明代民居外观素雅、古典朴实的建筑风貌。大量精湛丰富的建筑构件和雕刻，无不显示主人非凡的气度。

据说这组私宅曾远近闻名，原规模有十棣九庭心。该建筑建于明代末期，距今大约250年的历史。大厅五开间九架梁，宽约30米，进深三间，按古代形制，九架梁是一品官第的构架，足以说明在明代，主人的官职较大。

厅堂的建筑结构形式为柱上架梁，梁上叠梁，梁端架檩的梁架式构架，又称抬梁式构架。

梁架为江南特有的草架，前半部是重檐檐口，起到遮光挡雨的作用。柱础为青石覆盆式，上置青石鼓形石磴。

厅内精致的木雕，梁坊上的雕刻，随处可见。梁与枋雕刻精细，刻有云雀、荷花等图案，据说原木构架上饰以彩绘，五彩缤纷，随着时间的推移，现已经黯然不见。

屋面坡度较平坦，微有翘式。

如此大气的厅堂，自然流露了当年主人豪迈的心境，不妨来打探一下葆素堂主人许氏家族的那些望族故事……

松江在明代是发展的鼎盛时期，吸引了众多的达官贵人前来择地置业，中山西路以北地区聚集了不少官宦家族的宅院。许家也算是仓城的一个大家族，这一家书香门第，官宦之家，名门之后。

明末清初，许氏家族在松江仓城秀野桥西择地置业，许曾望为道光元年（1821）举人，供职于京师，为国子监学正。许曾望曾祖父为浙江临海知县，大概在职时期为乾隆三十三年（1768），才华横溢，有多本著作留存。祖父许翔，擅长书画，为江南名家。

葆素堂

许曾望之子许嘉德,历任镇海、山阴、平湖县事,此人颇有才学,甚通为官之道。清光绪五年(1879),出版了他曾祖父的文稿《说文分韵易知录(十卷)》,并署名为"许嘉德葆素堂"。光绪十二年(1886),许嘉德编撰了《许氏家谱》等书,也让后人得以比较明晰地了解这个家族的兴旺史。

而许嘉德本人,得以流芳于世的是他那段戏剧性的案子,据说许大人在任平湖知县时,参与审理了当年一件享誉全国的大案"杨乃武与小白菜",许大人在此案中,感觉此案疑点过多,难以评判。他想:维持原判恐怕对被告杨乃武不公,翻案却又难以降服众多官员。

葆素堂

难以定夺、进退两难之时，许大人上演了一出"金蝉脱壳"的现场剧。开庭之日，案情审到一半，许大人一下子抖动不已，昏倒在地，不省人事。师爷见状，连忙叫道："今天老爷身体不好，此案不审了，退堂。"一出苦肉戏，让许嘉德知县得以远离冤屈大案，苟且偷生，免受了日后的追查，据说因此案牵连的官员不计其数。

穿行在高大木梁雕刻的厅堂下，在诗意中感受着时光的流逝，木窗外温暖的阳光见证了数百年许家家族的起落沉浮。

葆素堂收存了家族多少年轻的梦想，记载了代代相传的家族故事，而今仍然静候在此，期待有缘人再来小叩宅门，讲述那些逝去的风情故事，冷暖人生……

眼前的这座古建筑，得以利用为幼儿园的活动室，布局了孩子们过家家等活动空间，在这古老而高大的活动室，呈现了古与今的融通，估计没有别的幼儿园可比吧！

葆素堂

试想：如果老师们再讲讲这些古建筑的精湛之美，以及这个宅院的故事，让幼儿们现场接受到中国传统文化、建筑文化、家族文化的教育与熏陶，那是何等珍贵的一段教育时光。

　　古宅院、古建筑、古街区如何得以有效保护与使用成为我们继续探索的议题，包括仓城那些留存于今的，上百处有待修复、利用的深宅大院，以及积淀了几百年上千年文化的历史保护建筑与街区。

　　如何让当下的人群带着一份神秘与敬仰的心情走进古建筑，除了参观与体验，还能赋予这些街区现代的生活元素，让古与今成功地对话与共生，让现代的生活方式与设施融入历史保护街区，让一批批民宿、咖啡厅、酒吧、图书馆、艺术画廊等融入发展，富有魅力的人气历史街区，值得仓城风貌区推动者们去追寻与思考。

仓城遗梦道古宅

散落在仓城风貌区内,至今尚存在小巷深处的名人宅院,有待我们一一走进,去追寻,去体验。

徐氏当铺

仓城内昔日的繁华盛景，亦如此，车水马龙、显赫一时的书画之乡、文化之城、衣布之府不过是历史长河中逝去的一段故事，唯有遗留于人间的古建筑与街巷风貌，透过斑驳的宅门，厚重的高墙，勾起世人对于那段繁华历史的无尽追寻。

松江以其"衣被天下"的美誉引领江南。据记载，明朝中叶，松江城内还较为荒凉，到了嘉靖年间，随着府城在全国经济实力与地位的增强，成为"苏、松、杭、嘉、湖"五大江南中心城市，以其松江府城所在地和独特的自然生态景观优势成为明清以来达官贵人聚居之地，城内开始兴起建造了大量的华丽住房民宅。

松江仓城内，市河呈东西走向，沿河南北布局大量的宅院，中山西路上，留存大量的明清古宅，期待有缘人小叩宅门，走进充满古韵的庭院，品读别人的旧事，回味沾有尘埃的岁月。

走在中山西路上，推开一扇扇高墙下的宅门，你定会发现，传统民居内层层院落，构思精巧，制作精细，青砖黛瓦，马头山墙，园林小径，无不表达了江南传统建筑的气质与神韵。

古人筑宅追求仁义、礼仪之道，为人中庸，不显富，不漏财，再气派的民宅也要高墙四起，入口朴实。有的人家还将入口大门开在侧门，内部的仪门则雕刻精美，气派非凡，这样的营造特点，体现了主人为人谨小慎微，光耀祖宗又怕漏富遭遇灾难的状况。

仓城风貌区具有江南传统街道布局，水道与街巷的空间处理，空间机理数百年有机生长而成，形成宜人的小尺度空间。

散落在风貌区内，至今尚存在小巷深处的名人宅院，充分地体现了松江明清建筑文化内涵，具有极高的历史、文化和艺术价值。

传统街区的空间记忆，述说了充满文化底蕴的城市历史。曲折幽深的庭院格局，粉墙黛瓦，朱栏小楼，体现文人雅士纵情生活的诗篇。

费骅宅

这些历经时代沧桑的古建筑,构件的精湛可以看出当时经济的繁荣程度,不仅是古松江城民间文化的写照,更是一段市井繁华历史的见证与缩影。

据记载,宋代尚书右丞朱谔宅院在秀南桥之南,明代南安太守张弼居于绿汇堂;清代刑部尚书张照,清都察院左都御史朱椿(宅位于中山西路444号包家桥),均建宅于秀野桥西;杭州知县张允垂,福安知县刘枢等,都在仓城内居住,并修建厅堂宅院。

明代中后期起,钱泾桥附近成为名人聚居之地,翁元益为崇祯七年(1635)的进士,曾经任过松溪知县等职务,清代状元戴有祺,清代左都御史吴省钦,其弟工部侍郎吴省兰,篆刻家冯承辉等名人居住于钱泾桥附近;这些名人遗迹,散落在仓城风貌区内,让行走于此的行人们不由得增加了许多敬畏之情。

状元戴有祺,此人才学横溢,康熙三十年(1691)参加殿试,成绩为第二名,但康熙帝认为他书法才学更胜一筹,便将其定位一甲一名，中了状元，并授其职位于翰林院修撰，掌修国史。但该状元自命清高，不久告假返乡，后辞官离京，成为庶人，后面的生活却是穷困潦倒，变卖祖屋维持生计。

说到朱椿宅，不得不提及兰瑞堂。兰瑞堂为朱椿宅的客厅，初名为好古堂，清代工部尚书张祥和为此题匾"兰瑞堂"，该厅堂五间七架，1984年，将兰瑞堂、穿廊和仪门等迁建与方塔园内。朱椿宅的后楼现还处于原址，属区级文物保护单位。

中山西路258号，杜氏雕花楼东侧的古建群，为费家古宅。据记载，该组建筑建设清代光绪年间（1875—1908），面阔21.14米，进深53.19米，占地面积1124平方米。1998年列为区级文物保护单位。

费家祖上居于叶榭镇，田产丰富，费老太太（费骅奶奶）以节俭持家广为传颂，到松江仓城地区择地建设宅院，从此举家迁往松江城。

费骅宅

费骅宅

现存的建筑为典型的清代民居，保存完好，1949年后由部队所用。原建有七进院落，现存前厅、正厅和宅楼等五进。有专家推测说中山西路拓建时期，沿街部分拆除一部分。

该古宅院中轴对称，院落层层推进。

穿过门厅，显现做工精细的仪门，仪门两侧的抱鼓石极为独特，下有须弥座，足见主人的高贵身份。

院内十分开阔，静可闲庭信步，动可两人羽毛球对抗；一间五开间九架梁大厅，气势非凡，可以说在松江现存古建筑中较为罕见。大厅石柱为覆盆式青石，石上、梁上、坊额上雕刻甚美，雕刻的有花卉山水等吉祥图案，反映了古人寄情山水的寓意。

移步第二院落，一派白墙黛瓦檐口错落有致，万千气象徐徐舒展。

以内院为核心的传统民居建筑群，体现了古人对于场地精神的关怀，营造闹中取静、闲云野鹤的居住情怀。院落中的一石一木，山川精华所致，让人陶醉于传统建筑文化之美的意境中。

穿过后面的几进院落，分别是主人的居住空间、生活宅院。在这宅子里演绎了一个家族的鼎盛繁华。

费骅（1911—1984）是松江近代的杰出人物。1924年，他毕业于上海交通大学土木工程系，后获美国康奈尔大学硕士学位。目前，费骅宅已经得到全面的修缮并用于文化建筑书画院办公使用。

值得一提的是位于中山西路136—138号的王子彝宅。王子彝先生（1894—1975）名绍文，字子彝，是松江城著名的教育家和书法家。原宅在淞沪会战期间部分损坏，现已得到全面修缮并更新为公共开放场馆——"艺云阁"。馆内展出王子彝和家人的书法和绘画等作品，并定期举办艺术展览活动。跨进院内，遗存的明代仪门，明、清代的两口老井，还有让游人流连忘返的那片树林，主人亲手种植的榆树林和近百年的枣树，都记载了古宅深厚的那段历史和这个大家庭发展的传奇色彩。

期待着，茸城松江更多的名人故居、明清古宅再现光彩，在时光的旧梦中，回望松江往昔厚重的人文风情。

王子彝宅

后 记

我出生在云贵高原一个充满少数民族风情的古城，在高原的多彩云霞、甘甜清泉、灿烂星空与淳朴民歌的滋养下长大。大学时代背上行囊求学于美丽富饶的江南，在一次浦东人才交流会上的偶遇，让我大学毕业后选择来到上海郊区松江工作。

还记得1997年7月初的一个午后，我拖着行李箱从人民广场乘坐沪松线公交车，大约花了半天时间才到达松江城。那是一个朴实而简洁的县城，步行就能跑遍整个小城，但充满了历史底蕴和发展前景却吸引了我，我毫不犹豫留了下来。在这里工作、恋爱、建立自己的小家庭，虽说其间有个短暂的离别，但犹如松江城的那头鹿，"十鹿九回头"一般，选择回国后重新留在了这个生机勃勃的城市。

星移斗转，已是二十载，对于一个城，也不过是谈笑之间，而我已在此度过了我的青年和不惑之年。在松江从事着城市规划工作，一天天、一年年、一步一步把这个城的范围图越画越大，道路越描越长，建设用地色块填充越绘越多……

这二十年，松江新城由松江府城遗址上的10平方公里的县城，成长到了目前的120平方公里。

这二十年，松江大学城、泰晤士小镇、地铁9号线、广富林文化遗址、郊野公园、有轨电车等一批批重大项目先后落地建成，松江新城"长胖，长高，长大"了。布局方式由扩张型规划转变到了紧缩型规划，由拓展建新区转变为存量更新求发展。

这二十年，我和众多的松江人一起，陪伴与守护着新城的日日夜夜，呵护着新城由郊区县城向现代化新城华丽转身。

近日，新城又迎来新一轮起航的引擎，我和同事们已将城市规划的画笔描绘在即……

在长三角一体化发展国家战略中，松江G60科创走廊建设发挥了其重要的作用；2017年沪苏湖铁路线位落地，松江南站被定位为上海铁路站点中重要辅站，松江枢纽将成为上海地区唯一的连接虹桥枢纽、上海南站、上海东站的重要枢纽地区。

让我们一起憧憬走向未来的松江新城……

面向未来，松江新城将在上海市建设全球城市的战略目标下，规划建设为长三角城市群中具有辐射带动力的综合性节点城市和上海的西南门户，"科创、人文、生态"协调发展的现代化新城。

2020年，正值松江新城在上海"十五"期间启动建设后的第二十年，对这座城的依恋之情油然而生，我将自己在新城的工作经历与收集的素材迫不及待地想要分享给读者，渴望有更多的人读懂她，走进她，喜爱她。

在这本书的编写过程中，得到了许多专家、老师、领导和朋友的大力帮助，特别要感谢刘学信、杜广海、叶坚坚、俞诚恳、王振亮、刘健、范土云、陈军、孙伟权、张全林、盛晓先生和杨云珠、肖镛女士对我多年来在松江工作上的支持和照顾，感谢导师张尚武、王雅娟、彭震伟、唐子来教授对我关于松江新城研究论文悉心的指导，感谢万勇、范衍、陶成刚、范宇、朱丽芳、宋煜、项伊晶、徐玮、金英、翟伟琴、薛文飞、刘蓓莉、贾佳、姚耀、陆春彪、陈福等同事和朋友在收集资料期间的鼎力相助，感谢文旅局、规划资源局和史志办在照片、规划资料和图纸上的提供，由衷地感谢生命中有你们，让这本书得以顺利出版。

还要感谢同济大学出版社江岱老师和李小敏老师以及其他默默耕耘的同仁，他们严谨的工作态度和专业的精神，让我在三年来写书的过程中边学边写，不断改进。

由于时间和水平有限，而知识的探求无限，文中难免有很多书写不当之处，敬请谅解。并祈望读者提出宝贵意见，后续将不断改进，希望这本书能成为读者了解松江城市规划与发展的首选之书。

黄 婧

2020 年 8 月 8 日于松江新城

上海市松江区总体规划暨土地利用总体规划(2017-2035)
文化保护控制线规划图

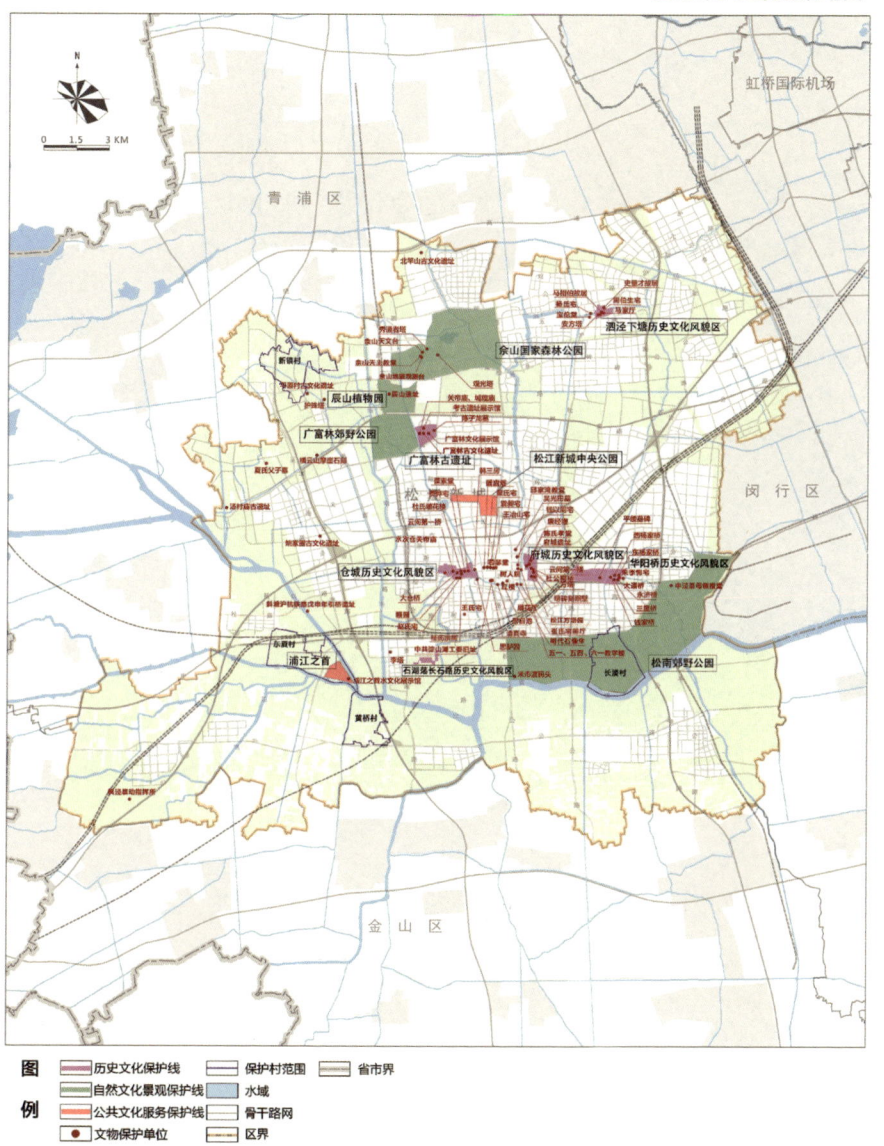